# 道路管理を支えるシステム

イトーコー技術事務所
伊藤 功 著

電気書院

# 前書き

　この資料は、NPO ATLIS の活動の一環として、ベトナムの UTC（交通通信大学）の学生を対象に、道路管理とシステムについて講義した内容である。

　対象とする学生は、電気電子工学部の 3 年生であり、30 分の英語による講義の後、現地語と日本語の通訳を交えての質疑応答 30 分の計 1 時間の講義を 3 回行っている。

　その講義を 3 年担当した内容がかなりの量となり、それはそれで、日本の若い人にも参考にしてもらえたらということで、一つの冊子にまとめることにした。

　内容は、主旨からして学生の関心を持つようにと、現場を知らない学生にどのようにして全体像を知らしめるか、そこに注視したものである。ただし、日本語版を作るに当たり、それだけでは足りず、最新動向へのコメントを追加し、交通流に関する章を補足した。また 3 回の講義内容の順番は変えている。

1　システム工学と道路交通システムの構築
2　道路交通システムの情報収集・提供システム
3　日本の ETC システム
4　道路管理とリスク
　　参考資料；交通流現象と車両感知器

> 　UTC の講義では様々な質問があった。人としての生き方に関するものもあった。この時に答えたことを中心に、若い人に伝えたいことを余白に書いた。
> 　これは、昭和 25 年（1950 年）生まれの SE（システムエンジニア）のつぶやきである。

# 目　次

## 第1編　システム工学と道路交通システムの構築

### 第1章　システムとは
1. システムの定義 …………………………………………… 2
2. システム工学のプロセス ………………………………… 4
3. システム工学の手法 ……………………………………… 6

### 第2章　道路交通のシステム
1. 道路法と道路を取り巻く環境 …………………………… 8
2. 道路管理者のシステム全体像 …………………………… 9
3. システムを支える工学 …………………………………… 12

### 第3章　システムのライフサイクル
1. システムのライフサイクル ……………………………… 15
2. システムを構築する関係者 ……………………………… 16

### 第4章　システム構築
1. システム開発の全体像 …………………………………… 19
2. システムの基本的事項の整理 …………………………… 22
3. システム構築 ……………………………………………… 25

## 第2編　道路交通システムの情報収集・提供システム

### 第1章　道路交通管理システムの概要
1. 道路交通管理の目的 ……………………………………… 36
2. 計画作成への課題 ………………………………………… 38
3. 基本システムと情報提供システム ……………………… 44

### 第2章　道路交通情報システム
1. 有料道路の交通情報システム …………………………… 56
2. 情報内容と提供方法 ……………………………………… 57

## 目　次

　　3. 情報提供機器とその特徴 …………………………………………… 60
　　4. 情報収集系 …………………………………………………………… 60
　　5. 中央処理システム …………………………………………………… 64
　　6. 通信系 ………………………………………………………………… 65
第3章　中央処理システムの機能
　　1. 交通監視と情報提供のためのロジック …………………………… 70
　　2. 交通制御のためのロジック ………………………………………… 79
　　3. データベース ………………………………………………………… 80
第4章　VICS
　　1. 従来のシステム ……………………………………………………… 84
　　2. VICS の概要 ………………………………………………………… 85
　　3. 次世代道路サービス ………………………………………………… 90

## 第3編　日本の ETC システム

### 第1章　ETC の開発計画
　　1. ETC の三つの要素と基本機能 …………………………………… 100
　　2. 日本の有料道路の特徴 …………………………………………… 101
　　3. システム構築の基本的条件 ……………………………………… 102
### 第2章　システム構築のスキーム
　　1. 二つの前提 ………………………………………………………… 104
　　2. セットアップ ……………………………………………………… 104
　　3. 課金の仕組み ……………………………………………………… 105
### 第3章　セキュリティ
　　1. セキュリティの全体像 …………………………………………… 107
　　2. 各主体のセキュリティレベルと相互認証 ……………………… 108
　　3. セキュリティ確保のための規格書 ……………………………… 109
　　4. システム構築の仕様書 …………………………………………… 110
　　5. 運用を規定するセキュリティ …………………………………… 111
　　6. ETC の運用に係わる会議体 ……………………………………… 113

# 目　次

## 第 4 章　次期 ETC
1. ITS の展開 …………………………………………… 114
2. ITS スポットサービスのセキュリティ ……………… 115

## 第 5 章　暗号化技術と日本の動向
1. 暗号技術の基礎 ……………………………………… 118
2. 最近の動向 …………………………………………… 119

# 第 4 編　道路管理とリスク

## 第 1 章　リスクと BCP
1. リスク ………………………………………………… 124
2. BCP …………………………………………………… 126

## 第 2 章　リスクの検討
1. 道路管理者のリスク ………………………………… 128
2. 交通阻害要因の分類 ………………………………… 130
3. 具体的被害想定とシステムへの影響 ……………… 131
4. システムの基本機能としてのリスク対応 ………… 134

## 第 3 章　自然災害と道路管理
1. 災害を受けやすい日本の国土 ……………………… 136
2. 台風と道路管理 ……………………………………… 139
3. ベトナムの自然災害 ………………………………… 143

## 第 4 章　地震と道路管理
1. 兵庫県南部地震 ……………………………………… 148
2. 東日本大地震 ………………………………………… 163

## 第 5 章　トンネル火災と道路管理
1. 日本坂トンネル火災事故 …………………………… 167
2. モンブラントンネル火災事故 ……………………… 171
3. 世界の道路トンネル火災事故 ……………………… 174
4. 具体的システムでの検討 …………………………… 177

## 第 6 章　テロ等人為災害と道路管理 ……………………… 185

# 目　次

## 参考資料
### 交通流現象と車両感知器

1. 交通渋滞 ……………………………………………………… 190
2. 疎密波現象（アコーディオン現象）………………………… 191
3. 交通流理論 …………………………………………………… 193
4. 車両感知器の限界 …………………………………………… 200

後書き ……………………………………………………………… 203

### ＊＊＊　つぶやき　＊＊＊

1. 人間万事塞翁が馬 ……………………………………………… 7
2. 若い人へ　若い技術者へ …………………………………… 18
3. 若い人へ　毎日祈る ………………………………………… 34
4. 自分で考える ………………………………………………… 83
5. 家電商品と社会システム …………………………………… 98
6. 天災は忘れたころにやってくる ………………………… 122

# 第 1 編
## システム工学と道路交通システムの構築

　本編は、第 3 回目の講義にあたる。当方が大学において何処まで講義できるのかと自問してきた。1975 年からメーカの技術者として 30 年、コンサルタントとして 8 年、その間道路交通システムを担当し 34 年となる。

　大学では 4 年間機械工学を学んだ。修士課程では、かなりの時間コンピュータの世界を勉強した。メーカに入り 4 年間は機械系設計、その後 34 年はシステム（設計・SE）である。

　日本機械学会は、1971 年から会員である。電気学会と交通工学研究会は、早くから仕事上関連していたが、会員となったのは 2000 年のころからである。情報処理学会も 2000 年ころ入っていた。土木学会については、会員ではないが、専門委員会のメンバーとして委員会活動に数年参画した。

　いま改めて、システムを取り上げて、上記の学会誌を読んでみると、機械学会では、設計工学・システムとあり、電気学会では、情報システム・監視制御とある。

　システム工学という本も、必ずしも多くない。機械系に多い。なぜか？　また道路交通の分野は圧倒的に土木系の学者が担当している。　ITS も、先進技術の開発は電気や機械が多いが、日本では土木系が引っ張っている。なぜか？

　システムというものは何なのだ？　その疑問に答えるためにもまとめてみる気になった。

　以上のような経緯から、本編は、システムという言葉、またシステム工学という視点からみて、道路管理のシステムを作ることはどのようなことなのか、その全体像を示すことにした。

# 第1章
# システムとは

## 1. システムの定義

　機械学会誌（2012年8月号）機械工学年鑑から、「設計工学・システム」の特徴を紹介する。（年鑑とは、毎年過年度1年間（2011年）の研究動向をまとめたものである）

　設計工学・システム部門は、その名が示す通り、設計工学とシステム工学の統合と融合からなる高い分野横断性を有する部門組織である。設計工学とシステム工学の両者は本質的に、一般性を有する問題をときに俯瞰的に、ときに微小詳細に議論する専門領域であり、結果として本分野は多様な対象と、バラエティに富んだ専門家を内包し、多岐にわたる横断的な議論が日常的かつ活発に展開されている。本部門の特徴の一つである俯瞰性は、製造業の将来を描くための代表的視点として常に一定の評価を受けており、堅実で精確な予見を与えるのみならず、我が国の科学、技術、経済そして社会全体の創造的で斬新な未来像を描き、そこに至るための具体的な道筋を明らかにするための代表的視座としての広く厚い信頼を受けている。[*1]

　システム工学は、1975年前後から急速に発展した学問である。アポロの打ち上げを初めとして、多くの私的及び公的企業が、システム工学を使うことによって次々と成功を収めてきた。また、コンピュータシステムは、銀行、企業、行政機関に導入され、サービスの向上に大きく貢献した。
　一方、交通、公害（環境）、教育などのように、非常に大規模で、複雑な社会問題に対しても、このシステム工学が適用され、その解決に役立ってきた。
　このシステムという言葉が、日本において使われたのは、「電力システム」が

第1章　システムとは

初めてではなかろうか。電力システムの中には、発電所があり、変電所があり、これらを結ぶ電線があって、そして消費者である工場や家庭がある。
　ついで、電力システムの一部が独立して「通信システム」ができた。電力システム、通信システムとして定着したが、この通信システムが発展し、その特殊なものとして「コンピュータシステム」が分派したと考えられる。
　このような経過をたどって、システムという概念とコンピュータという実物が結び付くに及んで、このコンピュータシステムが、いろいろな面に利用され、応用されて、コンピュータが社会に進出・定着してきた。

(1) **システムの多様性**
　上述のように、一概にシステムといってもいろいろある。過去の講義で、交通管制システムについて説明したが、このシステムの一つに、道路上で、車の動きを様々なセンサで検知して、データを作り、伝送し、1分とか5分間のデータを加工する、情報収集系システムがある。
　このようなオンラインで入るデータや道路上から連絡される電話情報や他の道路管理者からの情報等を組み合わせて、混雑ランクに分類したり、旅行時間の分布を作ったりする中央処理システム、さらには、中央処理システムで作られた様々な情報をもとに、可変情報板やラジオ等でドライバへ知らせる情報提供システムというものがある。
　これらが交通管制を構成するサブシステムであるが、日本全土という視点からみると、上記で述べた交通管制システムは、各道路管理者、各県警単位で構築されており、それらのデータをすべてまとめている日本道路交通情報センターというものもある。

(2) **定義**[*2]
　システムは、ハードウエア、ソフトウエアそして運用体制から構成される。ハードウエアが中心であったり、ソフトウエアが中心であったり、様々であるが、"関連する要素の集合体"である。JISの定義では、「システムとは、多数の構成要素が有機的な秩序を保ち、同一目的に向かって行動するもの（JIS　Z　8121）」となっている。システム4条件という言葉もある。
　・二つ以上の要素から成り立っている。

・要素相互間に機能が定められている。
・目的をもっている。
・単に状態として存在しているだけでなく、その外部環境との関連において定義される。

## 2. システム工学のプロセス[*3]

システム工学の対象は、複雑かつ大規模なものであり、一般にその解決のアルゴリズムが見えにくい。このような問題の解決（計画とか設計など）を図る際に有効な方法は、問題を、プロセスに分割してみることである。

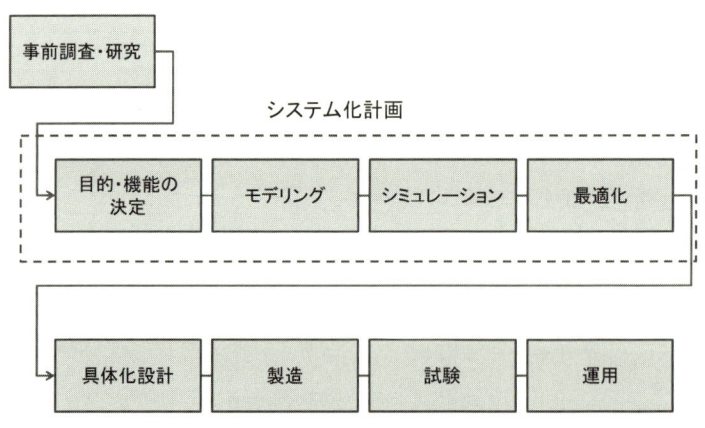

図1-1 システム化計画

1) 事前調査・研究
　このステップは、システムの計画の前に行われるもので、システムの目的や機能、方式や形態の調査だけでなく、そのシステムが完成したのちにおける環境等への影響についても、できる限り明らかにする。事前評価（アセスメント）と呼ばれる内容もこれである。

2) 目的・機能の決定
　設計仕様とするシステムの目的を定め、これに対応する機能を明確にする。

このステップはシステム開発において最も重要なものである。
3）モデリングとシミュレーション
　システム工学では、機能を満たすシステムの案（代替案）に対して、モデル化を行い、それを基に元のシステムが与えられた機能を満たすかどうかを、シミュレーションによって確かめる。システムのモデルは、対象とするシステムの種類に応じて、構造モデル、数学モデル、図式モデルなど様々であり、これは目的とするシミュレーションによって決められる。シミュレーションには、一般に数式モデルを利用したコンピュータによる数値解析が多用されるが、最近では数式によらない人工知能（AI）モデルによる機能解析なども行われるようになった。さらに、機能のみならず、信頼性・安全性などについてもシミュレーションが行われる場合もある。
4）最適化
　機能を満たすシステム案（代替案）を評価して、与えられた評価尺度の基で最適なシステムを定める過程が最適化である。もし、システムに対する数学モデルが定まっているならば、最適化の過程は数理計画法などの手法を用いて数学的に処理することが可能である。しかし、常にそのような数学モデルが得られるとは限らず、最適化は数学モデル以前の代替案の策定の過程も含めてさら

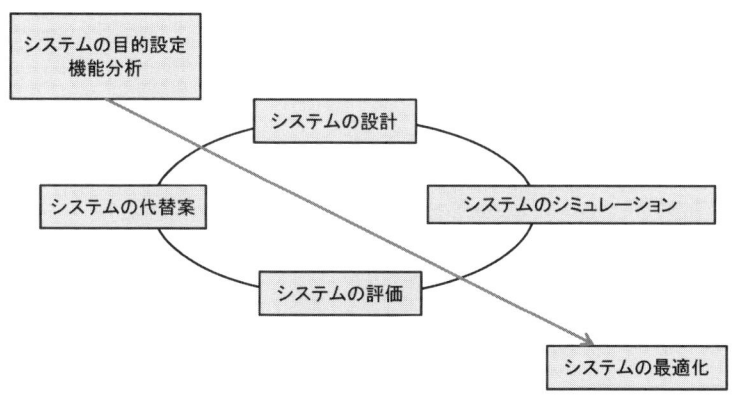

図 1-2　システム最適化プロセス
最適化がなされるまで何度も上記サイクルは繰り返される。

- 5 -

に広く考えておくことが必要である。また、最適化のための評価尺度も、それが一つだけには限らず、複数個の目標を満たす必要がある場合もある。このような場合について、複数個の目標のバランスを定める意味から、満足化と呼ばれることもある。

5) 具体化設計

具体化設計という用語は、設計工学の分野で使われている用語であるが、これの持つ意味は最適化されたシステムのモデルを基に、具体的なシステムを設計することである。

6) 製造及び試験

実際に製造に入れば、システムを構成する各装置、あるいは、部品等が調達され、国際的な規模で調達が行われることも珍しくない。組み立てが終了すると試験が行われ、システムが計画されたモデルと同じ機能を果たすかどうか確かめられる。

7) 運用

試験結果が満足すべきものであれば、システムはユーザの手に引き渡され、実際の運用に入るわけであるが、プラントなどの大型システムでは、引き渡し後1年程度は運用を続けながら不具合点の改善やデータの収集が行われ、次のシステムの設計・計画の参考に供せられる。

## 3. システム工学の手法[3][4]

上記のようなプロセスに対して、それぞれ特有の手法（技法）が用いられる。これらはほとんどコンピュータの利用に基づいて実際の処理が行なわれるものである。表1-1に、このような手法をまとめたものを示す。

ここでシステム工学の手法について注意しておきたいことは、これらの手法はいずれも汎用的な手法であるが、決して万能ではないということである。システム工学的手法のみですべて問題解決が図られるわけではなく、それぞれのシステム特有の物理的法則などの固有技術と合わせて用いることによってのみ強力な手法となるのである。

これらの手法は、もともと、OR（オペレーションリサーチ、operation research）や制御工学などの分野で、第二次世界大戦後開発され、確立された

ものである。

表1-1 システム工学の手法

| 技術の分類 | 主な技法名 |
|---|---|
| 解析手法 | 多変量解析、回帰分析、相関分析、デルタチャート |
| シミュレーション法 | GPSS、SIMSCRIPT、システムダイナミクス |
| 構造化手法 | KJ法、ブレーンストーミング、PPDS |
| 最適化手法 | 線形計画法、非線形計画法、組合せ計画法、動的計画法 |
| 評価手法 | マトリックス法、関連樹木法、ユーティリティ法、テクノロジーアセスメント |
| 予測手法 | 外挿法、シナリオ法、デルファイ法、クロスインパクトマトリックス法 |
| 管理手法 | PERT／TIME法、CPM法 |
| 信頼性手法 | FMEA法、FTA法 |
| モデリング手法 | ISM、DEMATEL |
| その他 | |

***　人間万事塞翁が馬　***

　塞翁の馬が逃げたが、北方の駿馬を率いて戻ってきた。喜んでその馬に乗った息子は落馬して足を折ったが、ために戦士にならず命長らえたという故事。
　人間は吉凶・禍福が予測できないことのたとえ。(広辞苑)
　若いときは、技術者としての夢も多く、それを追いかける。しかし、企業人になると会社の都合により、工場部門に行ったり、営業部門に行ったり、またまったく異なった技術の世界に行くことなど様々なことがある。その時は、悩み、不平を言うこともあるだろう。
　しかし、そのことが新たな道を見出したり、切り開くきっかけとなったりもする。わからないものである。その時、その場で、自分で何ができるか、それを必死にやりぬく、その継続こそが、その人の人生であると思うが、若いときはわからない。

# 第2章
# 道路交通のシステム

　道路があり、その管理者がいる。道路管理者の使命は、法律で示される。
　その管理の仕事を支援するのが、システムである。コンピュータがない時、1970年代では、遠方監視制御という技術が主流であった。コンピュータの発達とともに変わってきた。同様に通信技術の発展とともに大きく変化した。では、道路交通のシステムではどんな技術・工学が必要とされるか？

## 1. 道路法と道路を取り巻く環境

　道路は、様々な目的で作られる。
　紀元前3世紀から紀元後2世紀までの500年間に、ローマ人は、幹線道路だけで8万キロ、支線まで含めると15万キロの道路作った。その幹線道路とは、一面に大石を敷き詰めた4メートルを超える車道と両側に3メートルずつの歩道を有する計10メートル以上になるように作られていた。
　軍事目的もあったが、人の往来を促進するものであり、道路とは、国家にとっての動脈であると考えていたようである。このインフラ（社会基盤）についての考え方は、人間らしい生活を送るためには必用なことと考えていたようである。[*5]

　日本では、道路法29条において次のように示されている。

　　　道路の構造は、当該道路の存する地域の地形、地質、気象その他状況及び当該道路の交通状況を考慮し、通常の衝撃に対して安全なものであるとともに、安全かつ円滑な交通を確保することができるものでなければならない。

第 2 章　道路交通のシステム

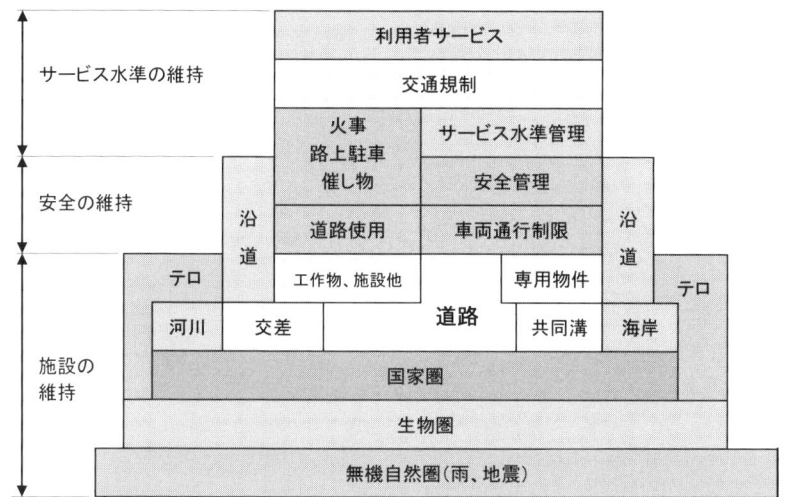

図 1-3　道路を取り巻く環境

　道路法では、この 29 条に示されるように道路管理者としての責務が定義されている。天気がどうであれ、予想し得る範囲であれば、安全で円滑な交通を確保することが責務である。そのために、注意喚起のため情報提供することが行われてきた。
　実際に、高速道路の構築後、当初は極めてシンプルなシステムであったものが、道路状況の変化や技術の発展とともに高度化され複雑になってきた。また、図 1-4 に示すように安全に関するものから、円滑性、そして快適性に関するシステムへと変遷している。

## 2. 道路管理者のシステム全体像

　道路は、生活道路といわれる市街地の道路、また町を結ぶ道路、さらには、高速で走れる（有料がほとんどである）高速道路がある。管理者によって、市道、県道、国道、さらには有料自動車道とも呼ばれる。

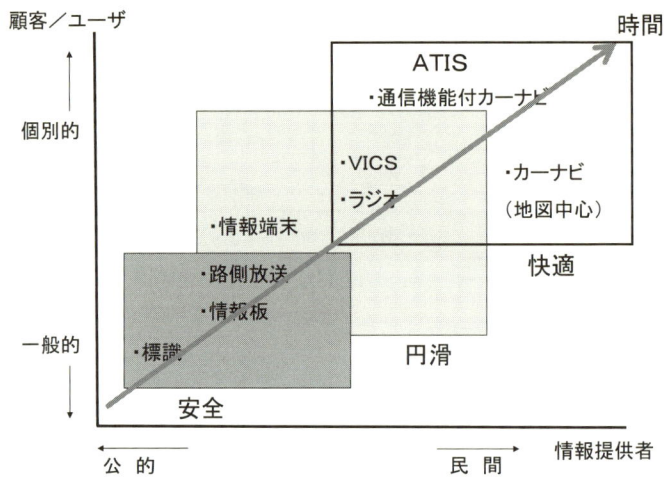

図1-4 道路交通情報提供内容の変遷

　道路管理者に求められる責務は、道路法で決まり、どの道路を取り上げてもその内容は同じであるが、管理者として、道路に付帯する設備やその管理水準となると、それは様々である。
　市道のレベルであれば、何か問題が発生しても、市民から通報されるし、その対応も市民とともにできる。
　一方、有料道路（高速道路）などは、有料ゆえに、また高速道路ゆえに、安全と円滑な交通への管理水準は高くなる。高速道路では、道路に落ちた落下物も事故の原因となりうる。その対応如何は、事故を招き、道路管理者の瑕疵の問題ともなる。
　以下の説明は、以上の理由から、わかりやすい例として、また管理水準の高い高速道路をとりあげる。
　図1-5は、高速道路の構築から30年以上たった現在の道路管理の業務とシステムを示したものである。

第 2 章　道路交通のシステム

| システムの階層 | 道路管理機能 | 地理的状況 |||システム|||||
|---|---|---|---|---|---|---|---|---|---|
| | | 平場 | トンネル | 山間部 | 施設管制 | TN防災 | 気象 | 交通管制 | 料金収受 |
| サービス水準の維持 | 料金収受<br>情報提供<br>通行規制等<br>交通流監視<br>電話受信 | | | | | | | | |
| 安全の維持 | 気象観測<br>火災抑制 | | | | | | | | |
| 施設の維持 | 換気＆排煙<br>照明制御<br>電力監視制御 | | | | | | | | |
| 共通 | CCTV＆パトロール<br>道路台帳 | | | | | | | | |

図 1-5　道路管理業務とシステム

　初期のころ、管理センターには、現場パトロール隊と電話通信設備があり、現場からの情報を道路利用者へ伝えていた。例えば、法面の崩壊により、通行止め等の情報を入口で伝えていた。したがって、当初の情報は、台風とか積雪の情報が主なものであった。

　また、トンネルができてからは、トンネル内の照明設備が必要で、そのための受配電設備が必要となった。また、長いトンネルでは、$CO_2$ 等排気ガスの問題があり、換気する必要もあった。この設備も大変大きなもので、管理が必要となった。トンネル事故による死者が発生してからは、トンネル内安全設備が注目され、より高度な設備へと変わっていった。

　車社会が発展するに従って、渋滞が特に都市部で慢性的になり、その対策が求められた。ネットワークが完成していれば、様々なコントロールも可能であったろうが、そうでない日本では、交通状況（渋滞の状況）を常時把握し、それを知らせることにより、ドライバの不満解消を目指すことになった。1980 年代から 2000 年の 20 年間の大きなテーマであった。

　2000 年から始まった ETC が普及するに従って、目に見えて渋滞問題は解消に向かった。また、1990 年初期から始まった ITS は、通信の高度化（インターネット等の普及）、GPS の利用、道路地図の高度化等で車載器（カーナビ）が高度化され、また普及した。

　最近、図 1-6 に示すように、車メーカ独自によるドライバへの情報提供の流れが高度化し、ドライバは、安心して走行できるような環境になってきた。

第1編　システム工学と道路交通システムの構築

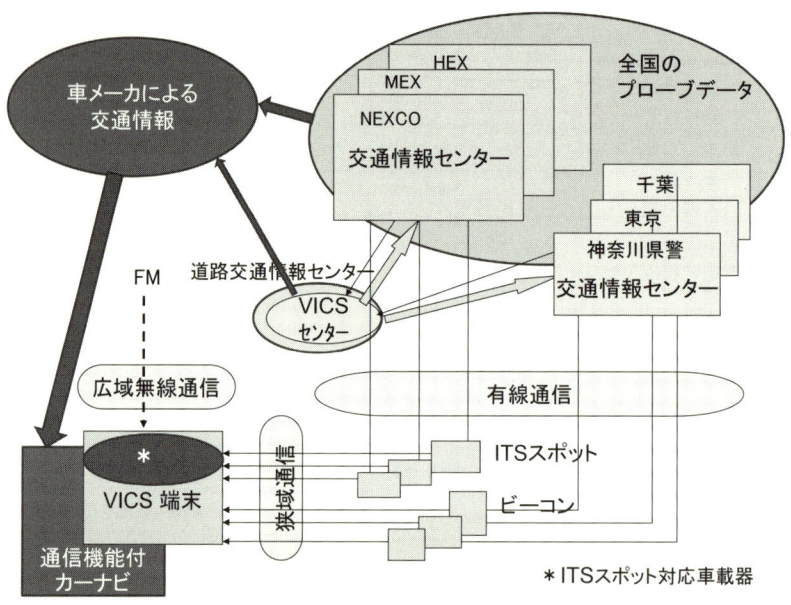

図1-6　車メーカによる情報提供

## 3. システムを支える工学

　システム工学としての手法として、紹介されている内容については、前項で述べた。では、前項のようなシステムを構築設計、運用するに当たってはどのような技術が必要とされるか示したのが図1-7である。

　ソフトウエア技術者は、どのくらい存在するのか？　自国の様々なシステム（道路交通以外も含め）を構築、運用していくには、ソフトウエア技術者が数多く必要である。また、ソフトウエア技術者といっても、上流工程を担当するシステムエンジニア、ソフトウエアを開発する技術者、また大きなシステムをまとめることができるベテラン管理技術者も必要である。日本では、メーカに入社した技術者に1年から3年のソフトウエア教育を行う。

　今述べたのは、情報処理工学でいうソフトウエア言語やシステム開発に関す

る一般的なもので、データベースやセキュリティに関する技術は、さらに数年間の勉強と経験が必要となる。

最初の段階で、システムの仕様を決めるときには、人間工学の知識も必要であるし、信頼性工学の知識も必須となる。

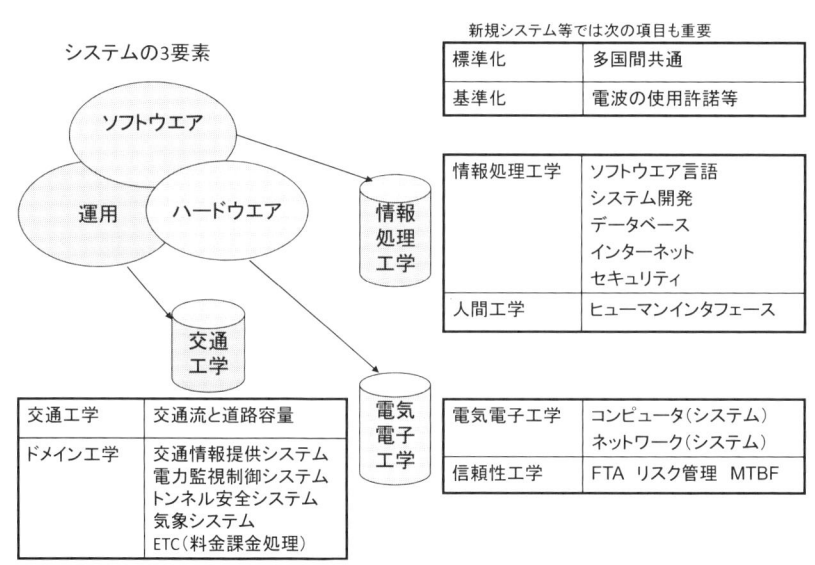

図1-7 道路交通システム構築に必要とされる工学

ハードウエアの世界も、この30年間で劇的に変化してきた。1970年代にマイクロチップ（マイコン）が登場してからは、10年間、ハードウエア技術者は、そのマイコンをあらゆるものに使い切る開発業務に追われた。今は、また、様々なブラックスボックス化により容易に使えるようになった半面、基本的な技術を使える技術者不足が課題となってきた。

通信装置は、シスコが世界を変え、データベースはオラクルがおさえた。サーバやCPUは、いくつかの企業の熾烈な競争である。

システムという大きなものでなくとも、センサ系の装置一つをとっても、マイコンの技術、ソフトウエアの技術なしでは、今は装置を開発できない。

第1編　システム工学と道路交通システムの構築

　もうひとつの要素、運用がある。交通管制システムでは、道路上の交通状況を把握するのが基本である。映像を見て判断するのでは、対象とする道路網に限界があり、センサ情報から自動的に推定していくことが行われてきた。そこではセンサで得られるデータと交通流現象の理解が必要となる。図1-8に示す$Q$、$V$、$K$関連図の理解が基本であり、このような交通工学の知識がないとその利用（運用）はできない。

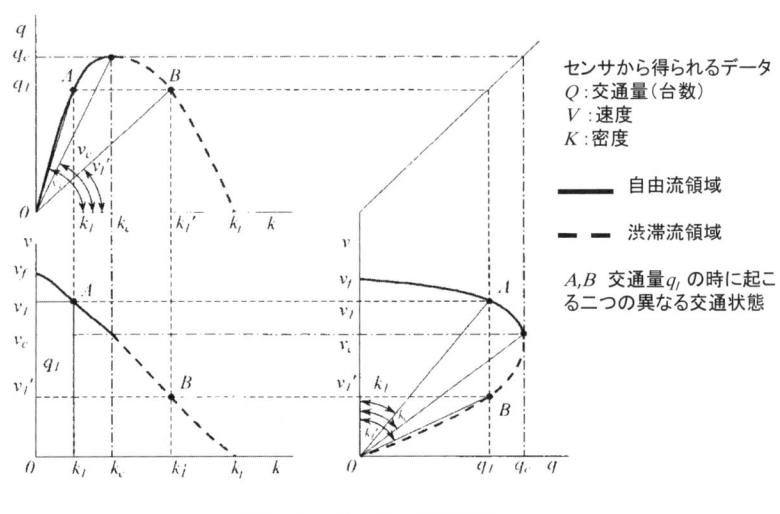

図1-8　$Q$、$V$、$K$関連図

　トンネル防災制御システム、電力監視システム等、それぞれ知識と経験がないと運用ができない。システムは、あくまで運用を支援するために構築されたものである。支援する対象のシステム内容がドメイン工学というものであり、発電、空港、電車（新幹線）等、独自の工学の世界がある。

# 第3章 システムのライフサイクル

ハードウエアとソフトウエアそして運用体制で定義されるシステム。そのライフサイクルはどのようなもので、何が必要とされるのであろうか。どのような人たちが関わるのであろうか。

## 1. システムのライフサイクル

　道路インフラは、国土の開発計画、都市の開発計画等の一つとして計画され、予算化され、設計・構築そして供用・運用、見直しへと進められる。図1-9では、1スパンが13年程になっているが、これはあくまでも道路交通システム構築に関する一例である。国土や都市の開発計画を含めると、その期間は20年30年となることは珍しいことではない。それは、多大な投資を要するからであり、そのために調査検討が必要となる。

　また、その企画は、都市計画、国土計画を専門とする人による。日本では土木系技術者が多い。道路用地の購入、道路建設のための道路作り（資材運搬、手段、方法等）等に要する資金は、情報システムの構築予算に比べはるかに大きい。日本のある期間（5カ年の）高速道路建設に占めるシステム系の予算割合は約3%であった。

　システムライフサイクルで、強調したいことは、運用と保守、そしてシステム評価と見直しの重要性である。運用こそが、システムの効果を決めるものであり、保守の技術や体制なくしては、3年でシステムの停止を招く。運用して、システムを評価して、それを次のシステム見直し（更新）に反映して、初めてこのシステムは成功への道筋を歩んでいるといえる。

　また、設計と構築を海外の企業に任せてもいいが、運用と保守は自国の力で行う必要がある。

第1編　システム工学と道路交通システムの構築

このようなシステム全体を考える技術者は、10年スパンで仕事をすることにもなる。

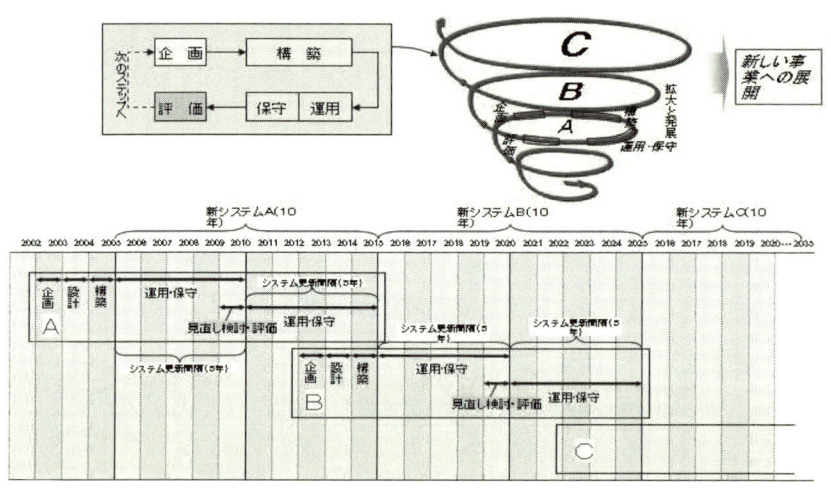

図1-9 システムのライフサイクル

## 2. システムを構築する関係者

社会インフラは、一般的に国家・地方行政機関や道路管理会社が整備し、その運用サービスを行う。その担当する専門家は、表1-2に示すような外部パワーを利用し業務を進める。主に、コンサルタントとシステム構築を担当するベンダ（メーカ等）である。

調査やマスタープラン／フィージビリティ調査等では、様々な専門家が必要とされる。

ベンダは、ソフトウエア、ハードウエアを中心とした多くの専門家を必要とする。しかも、この技術は最低3年から10年という経験がないと通用しないものもある。

それぞれの産業が成熟していない途上国では、この人材育成が国の発展を左右する。

- 16 -

第3章　システムのライフサイクル

表1-2　ODA等での業務の流れと各組織の担当

| 業　務 | 説　明 | 担当 ||| 備　考 |
|---|---|---|---|---|---|
| | | コンサルタント | ベンダー | その他 | |
| 調査 | ・測量・探査・観測<br>・資源調査<br>・ポリシースタディ<br>・社会調査<br>・経済調査 | | | | |
| マスタープラン調査 | 各種開発の基本計画を策定するための調査。通常は、全国もしくは地域レベル、各セクター別、またはここのプロジェクト基本計画段階でそれぞれ実施されるもので、各種短期・長期プロジェクトの提案、プロジェクト相互の優先度検討、開発プロジェクトの総合調整等が主な目的 | | | | |
| フィージビリティ調査 | 対象が明確にされている特定のプロジェクトについて、クライアントが資金を手当てするために目途をつけ、プロジェクト進行の可否について判断に資するため、当該プロジェクトの技術的、財務的、経済的、社会的およびその他の妥当性を検討する調査 | | | | |
| 基本設計調査<br>実施設計<br>（構築:発注後）<br>施工管理 | | | | | ベンダによる業務 |
| 訓練指導 | カウンターパート機関に従事するものに対し、理論的にかつ実践的な方法で知識および技能を習得させ、プロジェクトが円滑に進行するように指導する業務 | | | | コンサルタント等で行うには時間とその設備等で限界がある。保守、運用が中心 |
| 経営管理・保守管理<br>プロジェクト管理<br>プロジェクトの事後評価<br>組織開発<br>会計・監査 | | | | | |
| 研究開発 | アジアの貧困と経済環境 | | | | |

| 教育（訓練） | 基本技術、先端技術、（運用） | | | | |
|---|---|---|---|---|---|
| 標準化 | | | | | |

参考資料：JICAにおけるコンサルタントの役割等から抽出加筆

### ＊＊＊　若人へ　　若い技術者へ　＊＊＊

石の上にも3年とよく言われる。

昭和50年入社の私は、オイルショックの影響をもろに受け、人事責任者から、「採用したものの受け入れ事業部がない、皆渋っている。」と言われた。配属先について、個人の希望は配慮されない雰囲気であった。そういう背景であり、とにかく配属されたところでしっかりと技術を身に着けようと思った。技術といっても、設計部門、生産技術部門、品質管理部門等、多岐にわたる。

私は、給料がもらえ、独立した生活ができることがまずうれしかった。25年間も親元にいたせいもある。40年近くも前のことである。新鮮であった。3年間は、上司に好かれることも意識した。

若い人には、**3年後、5年後への目標を作りなさい**といいたい。**具体的な目標**である。また、**10年後はどのような生活をしているか、またどのような技術屋としてありたいか、そのイメージを常に持ちなさい**と言いたい。

不思議なもので、あることに関心を持つと、急にそれに関する情報が集まってくる。インターネットでいくらでも情報が得られる時代ではあるが、関心がないと情報はただ目の前を通過していく。また、どのような姿になりたいか、これも不思議なもので、そう思っていると何かしらそのような方向になっていく。

このことを積極的に人生に活かすべきという考え＊もある。

＊マーフィー「眠りながら成功する」　J.マーフィー／大島淳一訳

# 第4章 システム構築

## 1. システム開発の全体像

本項では、道路管理者の立場で、開発をどう進めるかを述べる。

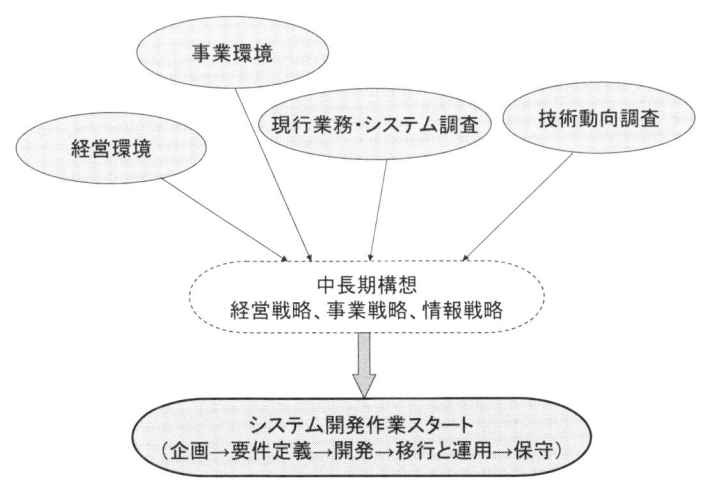

図 1-10 システム開発の前段

　システムの開発作業は、図 1-10 に示すような経営環境、事業環境、現行業務・システム調査、技術動向調査などを受けた、経営戦略、事業戦略、情報戦略等の中長期構想からスタートする。
　図 1-11 は、システム開発の企画から開発までの道路管理者（発注者）と外部（受注者）との関係を示したものである。中長期構想を受けて、受注者(メーカ)による開発作業を前提に道路管理者の業務について説明する。

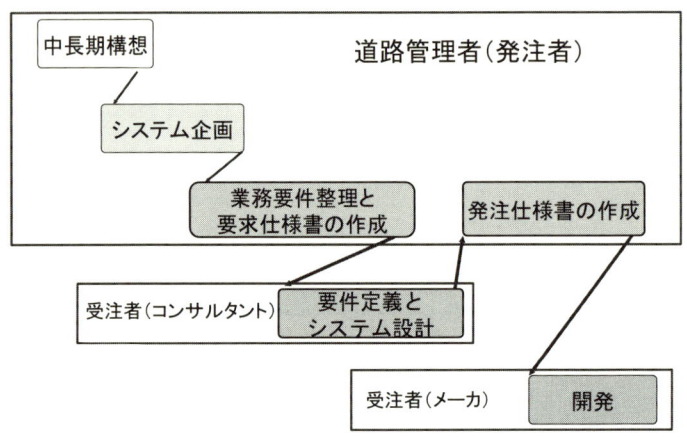

図1-11 システム開発までの工程

　システム開発で非常に重要なテーマである要件定義書の作成は、一般的にコンサルタントに依頼するが、その時、道路管理者による要件検討（最終的にコンサルタントへの要求仕様）が重要になる。

　この要求仕様は、図1-12に示す事業要件、業務要件及びシステム要件定義に相当するものであり、図1-11のシステム企画で検討されている内容をもとに道路管理者自身が検討するものである。

　システム企画は、システム化構想とシステム化計画立案の二つの作業から構成される。

　システム化構想は、中長期計画の段階で検討された事業要件の整理と業務要件に関する検討を行うもので、この作業は、業務部門によって行われる。

　システム化計画立案は、システム技術部門が対象業務をシステム化するための検討であり、業務モデル、システム化機能、システム方式、計画、費用などを立案する。

　要件定義では、道路管理者のシステム技術部門がシステム企画で検討されたシステム化構想とシステム化計画立案をベースに、要求仕様書の形にまとめ直し、専門家であるコンサルタントへ発注する。受注したコンサルタントは、要求仕様書をもとにコンサルタントの立場で要件定義を行う。また、コンサルタントは、システムの基本設計と開発を受注者（メーカ）に発注するための発注

第4章 システム構築

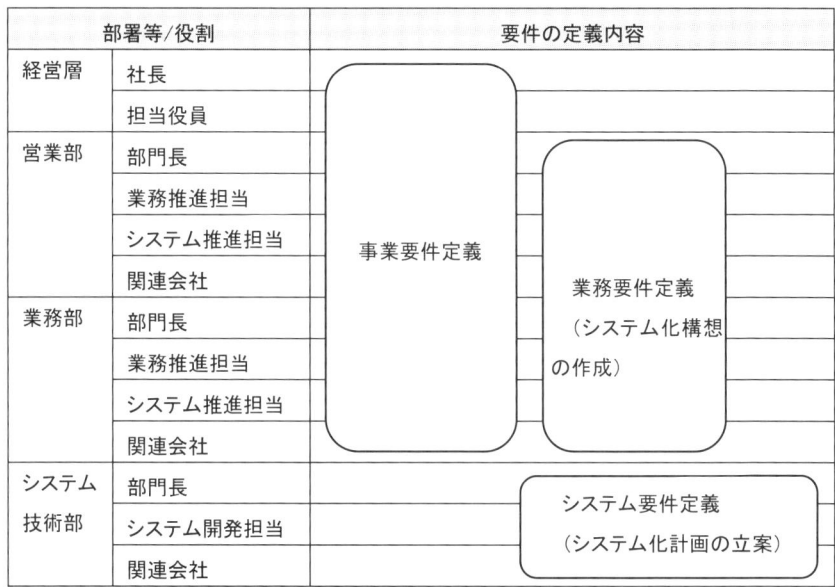

図 1- 12 要件定義の担当

仕様書（案）／特記仕様書（案）の作成を行う。

　要件定義の検討は、業務分析からシステム化への高度な技術と経験が要求されることもあり、コストも高い。しかし、このような上流工程での作業をしっかりと行わないと開発の段階で問題が発生し、工期延長やコストアップ、さらには動かないシステムとなる可能性が高くなる。

　図 1- 12 では、事業の要件定義は会社経営層の認識の下で行う必要があり、業務要件定義は業務を担当している部門が責任をもって行う必要があることをも示している。システム技術部門は、それら、事業要件や業務要件をどのようにシステム化するか、その検討が担当である。業務要件もあいまいなまま、システム技術部門に一任するような例が多いが、失敗の原因となる。日本では、多くのシステム開発失敗事例がある。表1- 3 は、失敗事例から得られた教訓である。

表 1-3 動かないコンピュータ撲滅のための 10 か条

| NO | 10 か条 |
|---|---|
| 1 | 経営トップが先頭になってシステム導入の指導を取り、全社の理解を得ながら社員をプロジェクトに取り込む。 |
| 2 | 複数のシステム構築会社を比較し、最も自社の業務に精通している業者を選ぶ。 |
| 3 | システム構築会社を下請け扱いしたり、開発費をむやみに値切ったりしない。 |
| 4 | 自社のシステム構築に関する力を見極め、無理のない計画を立てる。 |
| 5 | システム構築会社とやり取りする社内の責任者を明確に決める。 |
| 6 | 要件定義や設計などの上流工程に時間をかけ、要件の確定後はみだりに変更しない。システム構築会社とのやりとりは文書で確認しあう。 |
| 7 | 開発の進み具合を自社で把握できる力を身に着ける。 |
| 8 | 検収とテストに時間をかけ、安易に検収しない。 |
| 9 | システムが稼働するまであきらめず、あらゆる手段を講じる。 |
| 10 | システム構築会社と有償のアフタサービス契約を結び、保守体制を整える。 |

出典：日経コンピュータ編「システム障害はなぜ起きたか～みずほの教訓～」日経 BP 社 2002

## 2. システムの基本的事項の整理

　システム要件定義の際に、検討すべき事項について今一度触れておきたい。それは、道路管理者が自らの事業を進めるに当たり、どのようなリスクを想定し、そのリスクに対してどのような BCP（Business Continuity Plan:事業継続計画）を作るか？　さらには、道路利用者へのサービスレベルをどのようにするかという点である。

　表 1-4 は、日本の都市内高速道路を対象にしたとき、どのようなリスクがあるか、過去の事例と今後発生の予想されるリスクを取り上げ整理したものである。

　リスクには、自然災害と人為的災害があり、それぞれ、地震、雨（台風等）、風（台風）、雪、そしてテロ、火災事故、交通事故、渋滞が相当する。

　一方、道路管理システムは、図 1-5 に示したように、施設の維持、安全の維持、サービス水準の維持の階層に対し、多くのシステムからなる。

第 4 章　システム構築

　施設の維持、安全、事故対応等は、まさにリスクへの対応である。今あるシステムの姿は、長い間にリスクへの対応を行うために構築されてきたといっても過言ではない。

表 1-4　道路管理者のリスク

| 交通阻害要因 |  | 災　害　の　実　態 |  |  |
|---|---|---|---|---|
|  |  | 事例／想定する発生頻度 | 死者行方不明 | 被害／想定被害 |
| 自然災害 | 地震 | 平成 7 年阪神淡路大震災（M7） | 6,427 人 | 約 10 兆円 |
|  |  | 想定：数回／100 年　首都直下地震＊ | 4,200 人～11,000 人 | 94～112 兆円 |
|  | 雨 | カスリーン台風（昭和 22 年） | 1,910 人 |  |
|  |  | 想定：1 回／30～40 年 |  |  |
|  | 風 | 台風 20 号（昭和 54 年）最大瞬間風速 38.2m/s |  | 4～5 台まとまって横転（事故） |
|  |  | 想定：数回／年 |  |  |
|  | 雪 | 想定：2～3 回／冬季シーズン |  | 路面凍結による通行止め発生 |
| 人為的災害 | テロ等 | 江戸川架線事故（2006.8）非常に稀 |  | 約 5 時間電源供給停止 |
|  | 火災 | 日本坂トンネル火災事故（1979） | 7 人死亡、172 台消失 | 67 億円の被害 |
|  |  | 1 回／年ほどトンネル内で消火作業 |  |  |
|  | 交通事故 | 平成 24 年 196 件の事故＊2 | 225 人死亡＊2 |  |
|  | 渋滞 | 毎日 |  |  |

＊M8 クラスの地震（関東大地震規模）は、200～300 年間隔で発生するものと想定され、現在は、1923 年から 90 年経過したところであり、次に発生するのは、今後 100 年先から 200 年ほど先と想定されている。M7 クラスの首都直下地震は、次の関東大地震までの間に数回発生することが予想されている。

＊2　全高速道路の値

このようなリスク対応のシステムではあるが、その設計（要件検討）の段階では、次のような分析を行う。

それはFTA（Fault Tree Analysis）[*6]と呼ばれる分析法である。図1-13はその一例で、トンネル防災システム（トンネルでの事故・火災時の災害の抑制等）では、あってならないこと、発生頻度の極めて小さい"火災事故"の発生、その火災が発生した時にシステム対応できないということ（事象）を取り上げる。その事象の原因となることにはどのようなことがあるか、その分析である。いったん、このFTAを整理したら、取り上げた項目、一つ一つについて、検証

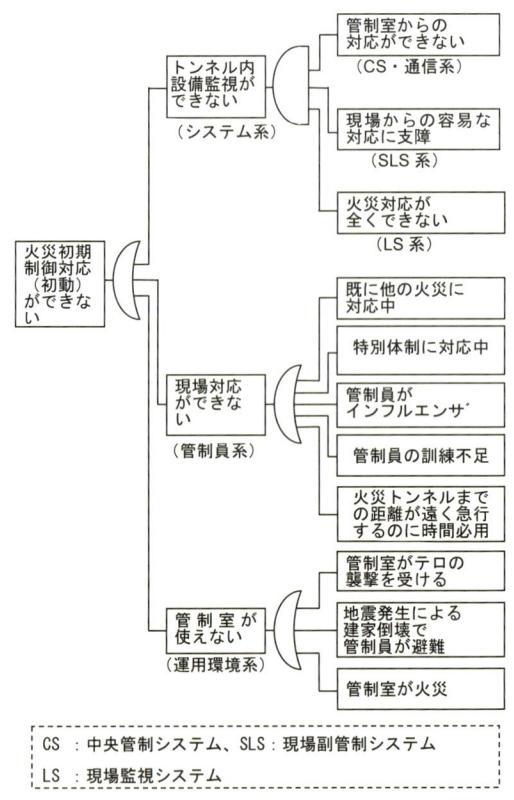

図1-13　FTAの例

- 24 -

していく。その結果として、リスクへの具体的な対応策を明確にするのである。

この具体的な対応策にとって重要なことは、可用性、性能・拡張性、運用・保守性、移行性、セキュリティ、環境等について明確にすること（できるだけ数字化すること）である。この作業は、技術論だけでなく、企業の事業戦略も絡む。システム（ハード、ソフト）にどれだけお金をかけるか、また運用体制をどこまで充実させるか、それはコストに直結する話であり、企業にとってサービス性と投資とのバランスを取る話でもあるからである。

表1-5は、システム要件の中の非機能要件[*7]と呼ばれる。リスクへのBCP検討の中で、その求められる水準が決まる。この内容によってシステムの特性が定まる。

機能要件とは、そのシステムが、その使命に対して何を行うものか、それを示したもので、システムの機能を具体的に示すものである。

表 1-5 非機能要件[*7]

| 項番 | 大項目 | 要求事項の概要 |
|---|---|---|
| 1 | 可用性 | 24時間・365日運用、常用待機方式。CSに障害が発生した場合、SLS等現場基地にて監視制御可能とする。 |
| 2 | 性能・拡張性 | 非常時には、通常時に比し、多大な負荷状態となる。たとえば、数倍から数十倍。拡張性については、対象トンネルが決まっており、明確である。 |
| 3 | 運用・保守性 | 非常時の運用が最大の課題となる。現場を熟知した職員による運用が基本。その訓練も重要。中央設備はシンプルで、かつ保守性も高いことが望まれる。 |
| 4 | 移行性 | 現場の機器やシステムの在り方は明確であり、中央系の統合化の中で、検討する必要がある。 |
| 5 | セキュリティ | 外部との接点はなく、基本的に課題はない。 |
| 6 | 環境等 | 耐震性には高いレベルの対応が必要。 |

## 3. システム構築[*8]

最後にシステム構築の全体像を示し、道路管理者はどのような業務が必要となるか、また、ベンダの業務内容、さらにはSEについて説明する。

## （1） システム構築の全体

システム企画から要件定義の検討を経て、コンサルタントに発注仕様書を作成させ、ベンダの入札、そしてベンダによるシステム構築が実施される。システム構築は、様々な開発上の試験等の後、受け入れ検査を行い、それによって工事は完了する。一般的には、そこから発注者側によるシステムの運用と保守が開始される。

## （2） 発注者の仕事

図1-14に示す開発工程では、発注者（道路管理者）は、開発工程管理、成果物管理、品質保証管理、レビューを自ら実施し、工期内に完成すること、また予算内でシステム構築を終えることが大切となる。

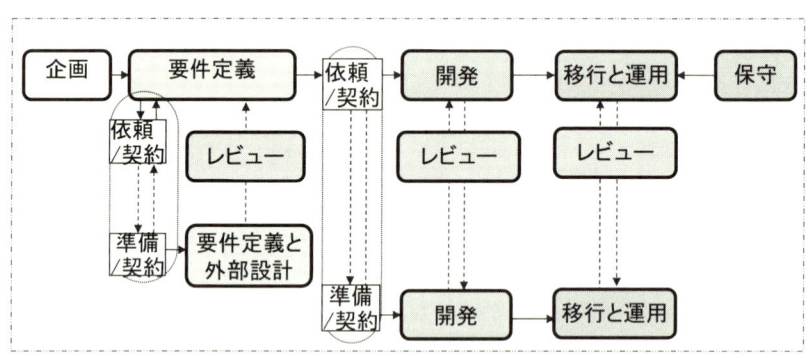

図1-14 システム開発の工程

**開発工程管理**；開発工程管理の具体的な項目には、次のようなものがある。
- 開発工程の見積もり
- プロジェクト実施計画作成
- 工程計画作成
- 進捗状況収集・把握管理

発注前に、コンサルタントの見積もり、予算計画との整合、入札後の最終予算の決定、さらには、その開発工数と開発期間の再度の見直し等が必要となる。それらの管理の他、品質面、技術面で、管理やレビューを実施する体制の構築

第4章　システム構築

も必要となる。この時、どのような経験と能力をもった社員が、プロジェクトマネージャになるかが重要となる。
　プロジェクト計画書は、開発目標、プロジェクト遂行方針等を文書化し、リスクの想定、品質管理方法の確認、体制作りとその責任分界点の明確化を行う。

　**成果物管理**；成果物の管理も重要である。ベンダから引き継いだ後は、この成果物しか頼るものがない。設計書にしても、変更が数多くある。それらの履歴が明確になっていないと大変である。

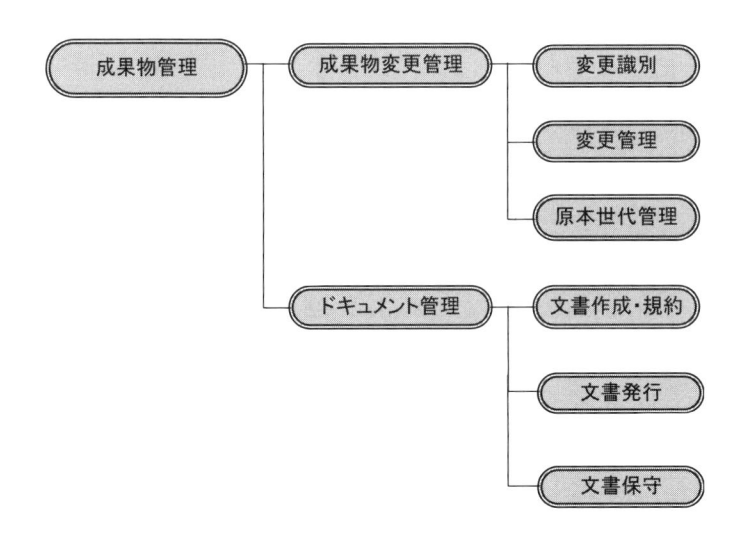

```
成果物管理 ─┬─ 成果物変更管理 ─┬─ 変更識別
            │                    ├─ 変更管理
            │                    └─ 原本世代管理
            │
            └─ ドキュメント管理 ─┬─ 文書作成・規約
                                  ├─ 文書発行
                                  └─ 文書保守
```

図1-15　成果物管理の一例

　**品質保証管理**；発注前の要件整理の段階で、目標とする品質管理を明確にする必要がある。また、ベンダへの要求品質目標の提示とシステム構築の各段階での品質確認が大切である。たとえば、ソフトウエアのデバッグ管理表の提示を求め、どの程度適切に実施されているか、詳細に問いただす等の作業が重要である。また、ベンダには、設計者とは別に品質管理者がいることが通常であり、その部門へのレビュー等も重要となる。（表1-6参照）

**レビューの実施**；合意した目標に対する進捗の共通理解、及びシステム開発が関係者を満足させるための共通理解と維持を目的に行う。

プロジェクトの活動状況及び成果物を適宜、評価するためのものであり、受注者が作成した成果物を発注者がプロジェクト状況や成果を評価して、批評や検証して、その内容について両者が合意していくプロセスである。図1-16に示しているように、開発の各段階でレビューの実施は重要である。

表1-6 品質管理の役割と責任

| 関係者 | | 役割・責任 |
|---|---|---|
| 発注者 | | 発注者・ユーザの立場で、以下の役割を担う。<br>・要求品質目標を明確にする<br>・デザインレビューに参画し、品質を確認する<br>・テストに立会い、品質を確認する<br>・最終受入検査（完成度評価試験）を行う |
| メーカ<br>（受注者） | 開発者 | 開発者の立場で、以下の役割を行う。<br>・要求品質目標の妥当性を評価する<br>・品質保証体系を設定する<br>・品質保証活動実施計画を策定する<br>・各開発工程で要求品質を作り込む |
| | 評価者<br>（品質保証部門） | 第三者的な立場で、以下の役割を担う。<br>・品質保証体系をレビューし、評価する<br>・品質保証活動実施計画をレビューし、評価する<br>・開発者が各工程で作り込んだ品質をレビューし、評価するために、品質評価仕様書（チェックリスト）を作成する<br>・品質評価仕様書に基き、品質をレビューし、評価する<br>・品質の合否について最終的に判断する責任を負う<br>・品質保証システムの是非を評価し、システムを見直す<br>・品質保証活動実施計画を策定する<br>・各開発工程で要求品質を作り込む |

### （3） ベンダによる開発とその流れ（V字作業）

ベンダによるシステム開発の流れは図1-16のようになる。設計・製造の各プロセスに対応したテストが必要とされ、それぞれテストにて検証の上、次のプロセスに進む。発注者は、ベンダの進捗管理票を見て、テスト結果の提示を

求め、その内容をチェックする。それによって、ベンダの力量や管理能力が理解でき、リスクへの対応もしやすくなる。

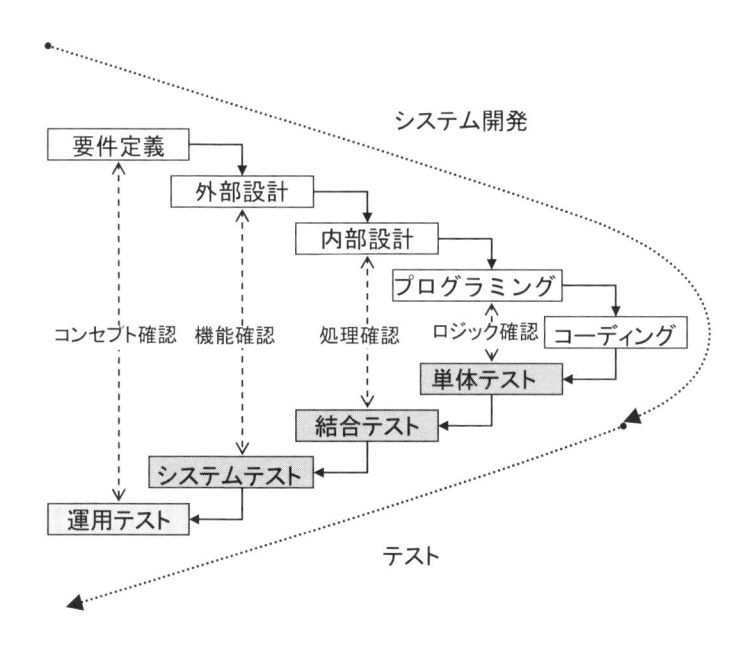

図 1- 16 システム開発とテスト工程

(4) システム開発を成功させるには
　システム開発の成功の秘訣とは、ベンダにおいて優秀な SE が選定されていることに尽きる。しかし、日本の失敗事例(表 1-3)でもわかるように、発注者側の問題も多い。
　ここでは、SE とはどんな技能が要求されるか、また、プロジェクト管理における一つのリスク評価の例を紹介する。
　図 1-17 は、身近な先輩より言われ、また自ら感じてきたことである。SE には、高き技術レベルで提案書をまとめ、良き人間性をもって説明し、顧客を納得させる技術が必要とされる。
　SE は、顧客とベンダとの間に立つが、もう二つの能力が要求される。第一に、顧客と接する機会が多くなり、社会インフラシステムの SE では、顧客への提

案業務（顧客との仕事作り）が重要で、そのような意味から、セールスエンジニアという側面が求められる。

   SE= 技術×人間性
   SE= System Engineer
      Sales Engineer（提案型営業という意味での）
      Supervising Engineer
   図 1-17 SE とは？

　第二は、ベンダ内には、ソフト開発者、ハード開発者、製造するメンバ、また品質管理を担当する人等、多くの社員、関係者がいる。この関係者をシステム構築プロセス全体にわたって監視し管理する能力が求められる。
　SE の技術×人間性について言えば、表 1-7 のようになる。理想的な姿ともいえる。

表 1-7　SE に要求される具体的能力

|   | 要求される能力 |
|---|---|
| 1 | 多面的な切り口から物事を考える。 |
| 2 | マネージメントができる。 |
| 3 | 本質を理解する。 |
| 4 | 人が使える。 |
| 5 | 仲間が作れる。 |
| 6 | 自分の専門外のことでもチャレンジできる。 |
| 7 | 創造的である。 |

　表 1-8 は、私自身が、失敗を防ぐために何を注意しないといけないか、最初にチェックするべきことはなにか、それを探していたときに見つけた内容である。古い資料ではあるが、今でも、これが有効と思っている。

## 第4章 システム構築

表1-8 リスク評価の一例[*9]

| | 規模の面からのリスク評価 | | ウエイト |
|---|---|---|---|
| 1 | システムの開発に要する総マン・アワー | | 5 |
| | 100〜3,000 | | 低い—1 |
| | 3,000〜15,000 | | 中間—2 |
| | 15,000〜30,000 | | 中間—3 |
| | 30,000 以上 | | 高い—4 |
| 2 | プロジェクト完成までの時間は、どの程度と見積もられているか。 | | 4 |
| | 12 か月以下 | | 低い—1 |
| | 13〜24 か月 | | 中間—2 |
| | 24 か月以上 | | 高い—3 |
| 3 | システムに関与する部門数（IS 部門は除く） | | 4 |
| | 1 | | 低い—1 |
| | 2 | | 中間—2 |
| | 3 以上 | | 高い—3 |

| | 組織構造面からのリスク評価 | | ウエイト |
|---|---|---|---|
| 1 | 更新システムが提案された場合、1対1で対応させて考えたとすれば、既存の機能の何%が置き換えられるか | | 4 |
| | 0〜25% | | 高い—3 |
| | 25〜50% | | 中間—2 |
| | 50〜100% | | 低い—1 |
| 2 | 提案されたシステムによってユーザ部門で引き起こされる手順の変更は、どの程度深刻か | | 5 |
| | | | 低い—1 |
| | | | 中間—2 |
| | | | 高い—3 |
| 3 | 新システムの条件に適合させるために、ユーザ組織を構造的に変える必要があるか | | 5 |
| | 必要ない | | 0 |
| | ごくわずかに必用 | | 低い—1 |
| | ある程度必用 | | 中間—2 |
| | 大幅に必用 | | 高い—3 |
| 4 | 全体的にユーザの態度はどうか | | 5 |
| | 悲観的：データ処理による解決法に反対 | | 高い—3 |
| | まあまあ：気が進まないがやむを得ない | | 中間—2 |
| | 良い：データ処理による解決を理解している | | 低い—1 |
| 5 | ユーザ部門の上級管理者はどの程度関与？ | | 5 |
| | そちらかというと気乗りしない、無関心 | | 高い—3 |
| | まずまず | | 中間—2 |
| | 極めて熱心 | | 低い—1 |
| 6 | データ処理部門とユーザとの合同チームが作られているか | | 5 |
| | つくられていない | | 高い—3 |
| | パートタイムでユーザの代表が参加 | | 低い—1 |
| | フルタイムでユーザの代表が参加 | | 0 |

- 31 -

第1編　システム工学と道路交通システムの構築

| | 技術面からのリスク評価 | ウエイト |
|---|---|---|
| 1 | どの程度ハードウエアが会社にとって初めてのものか | 5 |
| | 初めてのものではない | 0 |
| | CPU | 高い―3 |
| | 周辺装置あるいは外部記憶装置 | 高い―3 |
| | 端末装置 | 高い―3 |
| | ミニあるいはマイクロコンピュータ | 高い―3 |
| 2 | システム用のソフトウエア（オペレーティングシステム以外）は、IS プロジェクトチームにとって初めてのものか | 5 |
| | 初めてのものはない | 0 |
| | プログラミング言語 | 高い―3 |
| | データベース | 高い―3 |
| | データ通信 | 高い―3 |
| | その他 | 高い―3 |
| 3 | IS 分野については、どの程度の理解力があるか | 5 |
| | 初めての経験 | 高い―3 |
| | 以前には経験あるが、その知識は限られる | 中間―2 |
| | 高度の能力をもつ | 低い―1 |
| 4 | ユーザの代表は提起されている適用業務分野にどの程度の知識、理解力をもっているか | 5 |
| | 限られている | 高い―3 |
| | 考え方は理解できるが経験はない | 中間―2 |
| | 以前の実行計画に関与していた | 低い―1 |
| 5 | IS チームは、提起されている適用業務分野について、知識、理解力がある。 | 5 |
| | 限られている | 高い―3 |
| | 考え方は理解できるが経験はない | 中間―2 |
| | 以前の実行計画に関与していた | 低い―1 |

リスク評価用質問表（合計 14 の質問サンプル）
注：各質問事項は、それぞれ重要度を異にする。したがって、この会社はその重要度に応じてウエイトを付けた。各質問ごとの回答番号に、このウエイトを乗ずることにより、各質問項目のプロジェクト・リスクに対する寄与度を算出することができる。これを合計すれば、プロジェクト全体のリスク評価点が得られる。リスク評価点が 10 点以下のプロジェクトは、どちらがリスクが大きいと判定することはできないが、100 点以上の評価点をもつプロジェクトは、素人目にも見分けることができる。

(1) 開発所要時間には、システム設計、プログラミング、テスト、据え付けが含まれる。
(2) この質問は、肯定的回答番号すべての合計にウエイトを乗ずることによって評点が得られる。

出所：この質問表は、ダグラス・タイヤ社のケース, No.9-180-006(Boston, Mass：HBS Case Services,1980)　から

第 4 章　システム構築

## 参考資料

＊1　日本機械学会誌　2012.8　Vol.115　No.1125
＊2　システムとは何か　渡辺　茂編著　共立出版 1978.12
＊3　システム工学　赤木新介著　共立出版(株)　1999.3
＊4　オペレーションリサーチ入門　近藤次郎著　NHK ブックス 1979.6
＊5　"すべての道はローマに通ず"　ローマ人物語 X　塩野七海著　新潮社
＊6　FTA：塩見弘著「故障解析と診断」日科技連　1978 等
＊7　非機能要求
　　　非機能要求の見える化と確認の手段を実現する「非機能要求グレード」
　　　の公開　～システム基盤における非機能要求の見える化ツール～
　　　2010　IPA
＊8　共通フレーム 2007　IPA　株式会社オーム社　平成 20 年 3 月
＊9　"情報システム開発を成功される条件"DHB　Jan.‐Feb. 1982

＊＊＊　若人へ　毎日祈る　＊＊＊

　おばあちゃん子で育った私は、神棚と仏壇に祈ることから生活が始まることを見てきた。数年前に神棚と仏壇を備えてから、朝一番の日課となっている。

　Give us serenity to accept what cannot be changed, courage to change what should be changed, and wisdom to distinguish the one from the other.

　神棚にいつも唱えていることがこの内容である。
　若いころ、悩むのが、評価とか抜擢とか、どうしてもそのようなことが多くなる。人事は"ひとごと"と読むんだよと、若いときに部門長から教えられたことがある。評価は、他人がするのだからそれは自分が変えることはできない。変えることができるのは、自分の事だ。変えることができないこと、それは評価というような些細なことから大事な方の死とか、数多くある。しかし、変えることができないことは受け入れる必要がある。いつまでも悲しんではいけない。こだわってはいけない。
　心に平静を持つことの大切さ。それを祈っている。

# 第 2 編
# 道路交通システムの情報収集・提供システム

　道路交通情報提供の歴史は、日本では約40年である。欧米に比して道路インフラ（高速道路網）の構築が遅れていたため、モータリゼーションの波は慢性的な渋滞をもたらした。そのため情報提供という手段で渋滞の問題を緩和していくしかなかった。

　また、1990年代からのスタートしたITSは、道路交通というきわめてニッチな世界に対して、"道路インフラストラクチャの世界の課題"として持ち上げ、世界の多くの方々の参加のもと、その研究を通して急速に進歩を遂げてきた。

　そのITSがスタートしてから約20年になる。アジアの国々が経済発展を加速する中で、交通政策は極めて重要であり、その対応が遅れると経済的なロスを生みだす。

　この分野に関心を持っていただくため、道路交通の中で、基本的なサービスである情報提供に関する全体像を示すことを考えた。具体的な情報提供の内容や手段、またそのためにどのような処理が必要かなどである。さらに、ITSで構築されたVICSとその最近動向も紹介したい。

第2編　道路交通システムの情報収集・提供システム

# 第1章
# 道路交通管理システムの概要

　第1章は、道路を管理する立場の者が何を考えていかねばならないか、日本で検討してきたことを紹介する。

## 1. 道路交通管理の目的

　今一度、道路交通の管理について次の三つの視点から考えてみる。
・危機管理への対応（自然災害（水害、地震）、人為災害（テロ、事故））
・地域経済への貢献
・情報基盤の提供

**(1) 危機管理への対応**

　2004年のスマトラ島沖地震とその後の津波による多くの犠牲者、われわれは常日頃いかにして危機管理意識を持ち続けるか、その難しさを改めて学んだ。ベトナムでも、台風による自然災害は、毎年のように発生している。

　2004年2月　国連は、「災害リスクの軽減に向けて：開発に課せられた課題 (Reducing Disaster Risk: A challenge for Development)」[*1]を発表した。この中で、グローバルなコミュニティが現在直面している切実な課題、「潜在的な脅威を考慮した政策策定を通じて、災害の予知、ひいては災害のリスク管理及び軽減をいかにして実現できるか」という課題に考察を加えている。

　道路交通は、自然圏の上に国土があり、その上に道路が構築され、サービスされている。そのため、このような災害リスクへの考え方は常に要求される。

　図2-1は、道路を取り巻く環境[*2]を示したものである。自然圏・生物圏の上に道路があり、それらの付帯構造物があるという姿である。この機能は大きく三つの階層に分類できる。

　道路の維持管理に関する階層が第一にあり、その上に安全の維持に関する階層、さらにその上に、道路交通のサービス水準維持のための階層がある。

第 1 章　道路交通管理システムの概要

　道路の維持という階層は、がけ崩れとか路面陥没とかという道路の存在に関する階層であり、道路とその工作物が維持されていて通行が可能かどうかを示すものである。
　安全の維持とは、通行できるがその安全が確保されているかどうかという階層であり、トンネル部での火災とか橋梁上での風・凍結などが、対象となるものである。
　サービス水準の維持とは、通行も安全も確保されているが、渋滞が発生して、目標とするサービスレベル（定時定速性、高速性）が維持できているかどうかを問うものである。
　道路での安全走行を図るためには、このように自然災害を十分に考慮したものでなければならない。また、テロについても、もし発生したら何ができるか等のリスク評価と対応策の事前検討はしておくべきであろう。
　日本の都市高速道路を対象とした一つの検討事例は表 1-4 を参照していただきたい。

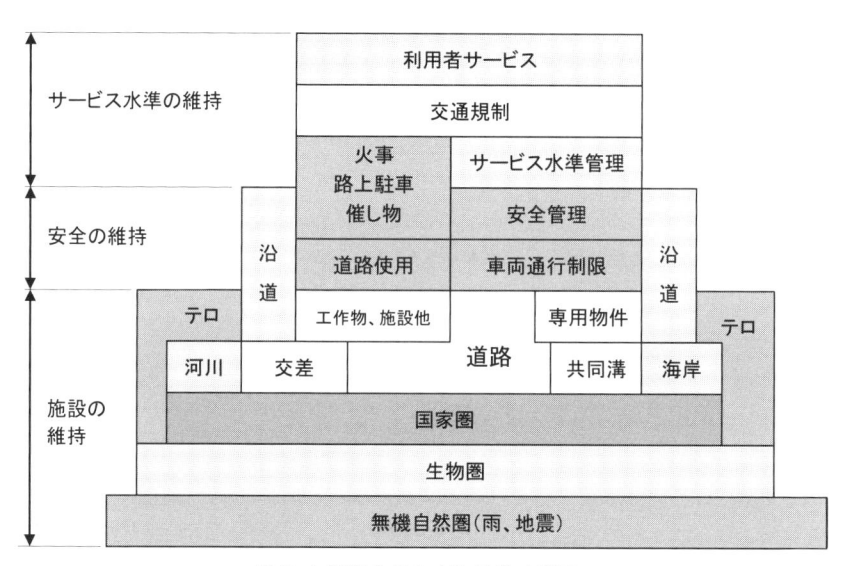

図 2-1 道路とそれを取り巻く環境

- 37 -

### (2) 地域経済への貢献

　道路は、特に高速道路は、安全で高速な車の移動を可能とするものであり、そこで発生する渋滞現象は、その本来の機能・性能を減ずるものであり、極力避けるようにすることが大切になる。交通事故は、それこそ人命の損失にもつながる課題である。また、交通流を止めることになり最も避けるべき課題である。

　安全で高速に移動できること、さらには低コストにて利用できるものでなければならない。運用維持のための費用は必要であるが、利用料金が高いがゆえに地域社会が利用を控えるようでは、本末転倒である。道路インフラは、本来地域経済に最も貢献すべきものだからである。

### (3) 情報基盤の提供

　道路インフラは、人・物の移動を支えるものである。近年においては、ITSに代表されるように車と道路の間での様々な通信が実現し、それを通じたサービスが試みられる時であった。道路は、強力な通信インフラをも提供する時代になったのである。

　インターネットによる様々なサービスは、ブロードバンドと呼ばれる高速通信インフラが構築され、安価に提供されるに従い、誰一人として予想できなかったほど発展した。通信インフラの発展は、車と道路の高速通信を可能とし、様々なサービスがさらに発展することを示唆するものである。

## 2. 計画作成への課題

　道路交通管理の目的に対して、具体的な計画作成にあたり、特に注意すべき事項を述べる。

・道路交通情報の優先度
・10年後、20年後の通信環境等
・ノウハウ蓄積とシステム更新

### (1) 道路交通情報の優先度

　道路交通情報の優先度とは、道路管理の必要機能と十分機能を明確にすることから始まる。

　道路管理者としての道路交通情報提供にどのような視点があるか、それは次の三つと考えられる。

(ア) 道路管理者の責務として
(イ) 道路管理者の利用者サービスの一環として
(ウ) 民間事業者と同等のサービス事業として
　上記（ア）の責務としてとはどのようなことをいうのか次に示す。
　日本の法律：道路法 29 条（道路の構造の原則）には次のように述べられている。

　道路の構造は、当該道路の存する地域の地形、地質、気象その他状況及び当該道路の交通状況を考慮し、通常の衝撃に対して安全なものであるとともに、安全かつ円滑な交通を確保することができるものでなければならない。

　道路法では、この 29 条に示されるように道路管理者としての責務が定義されており、その責任を果たすための一つの手段として、"情報を提供する"ということがある。
　つまり、道路管理者は、道路利用者に安全で円滑な交通状況を提供するため、その責任の一環として、少なくとも情報提供をする必要がある。安全を高めるため、また想定している旅行時間を確保できないことが想定されたときに、（利用者の不満解消に向けてという視点もあるが）情報提供を行うというものである。

表 2-1 業務内容

| 道路管理の階層に基づく分類 | 業務名 | 業務内容 |
| --- | --- | --- |
| サービス水準の維持 | 電話対応 | 問い合わせ　対応 |
| | 情報サービス | 他機関／インターネット |
| | 情報提供 | 各管理実現の為の情報提供 |
| | 利用料金徴収 | ETC／手動による料金徴収 |
| | 駐車場サービス | |
| | 交通状況監視 | 渋滞等交通の流れを監視 |
| | 交通規制 | 速度や入路交通の調整 |
| 安全の維持 | 交通事故対応 | 防止対策と事故後の対応 |
| | 非常電話対応 | 非常時対応 |
| | 火災事故対応 | 火災発生後の対応 |
| | 気象災害監視 | 風速／凍結／雨／雪／地震 |

第２編　道路交通システムの情報収集・提供システム

| 施設の維持 | 利用規制 | 車線規制、車両制限令 |
|---|---|---|
| | 供用管理 | 道路の供用と中断の決定 |
| | 換気設備管理 | トンネル換気 |
| | 電力等管理 | 電力制御／監視 |
| | 環境監視 | 騒音／NOX／CO／煤煙 |
| | 路面等維持管理 | 路面／高架柱／道路パトロール |
| | 台帳管理 | 台帳／地図 GIS |

　表2-1は、図2-1の道路管理の階層にあわせ、道路管理の業務内容を取り上げたものである。情報提供とは、様々な管理業務を遂行する中で、安全でより円滑な走行ができるように、道路利用者に情報を提供していくことである。

　道路法の「通常の衝撃」には、数百年に1回の地震は当てはまらないと思われるが、震度4、5のレベルの対応は必須となる。同じように、円滑な交通流確保責任についてどのように考えるべきであろうか。道路網が思うように整備できていない中で、責任が問われても対応できない事情もあり、どこまで応えるかというサービスの水準の話は難しい。

　ただし、首都圏にみられるように、環状道路（道路ネットワーク）が整備されてくると、このようなことは言えない。道路ネットワークを最大限、有効利用することがサービスの責務となってくるからである。

　表2-2は、VICS等の始まる前（情報化が本格化する前）までの基本的な道路情報の目的と手段とを示したものである。情報提供の目的は、第一に道路構造の保全維持であり、安全の確保であり、交通の円滑化であった。

　道路管理者の責務としての情報提供について述べたが、民間と同等のサービス事業については、あくまで事業として成立するかがポイントである。

　そういう意味で、道路管理者による「利用者サービスの一環として」というのは、日本においては民営化という社会的変化の中で、そのサービスをどのように考えるかということである。民間ベースの事業化が中心であれば、今までのやり方を見直す必要がある。従来の費用便益比という評価尺度だけでなく、顧客満足度という新たな視点が必要となる。

　保全、安全そして円滑に関する情報提供は必須情報であり、道路管理者の責務として応えるべきものである。その他のサービスは、顧客の要望に応じて応

表 2-2 道路管理者の情報提供

| 分類 | 目的 | 情報提供の手段 ||||||||
|---|---|---|---|---|---|---|---|---|---|
|   |   | 規制標識 | 警戒標識 | 認可 | 案内標識 ||| 路側通信 | 取締 | 広報 |
|   |   |   |   |   | 静的表示 | 駐車場案内 | 迂回 |   |   |   |
| 交通の円滑化 | 目的地探しを減少 |   |   |   | ○ |   |   | ○ |   |   |
|   | 駐車場探しを減少 |   |   |   | ○ | ○ |   | ○ |   |   |
|   | 渋滞の均等化 |   |   |   |   |   | ○ | ○ |   | ○ |
| 交通の安全 | 運転中の注意喚起 |   |   |   | ○ |   |   | ○ |   |   |
|   | 規制表示 | ○ |   |   |   |   |   | ○ |   | ○ |
|   | 注意喚起 |   | ○ |   |   |   |   | ○ |   |   |
| 道路構造の保全維持 | 取締り |   |   |   |   |   |   |   | ○ |   |
|   | 通過の事前届出 |   |   | ○ |   |   |   |   |   |   |
|   | 車両制限内容表示 | ○ |   |   |   |   |   | ○ |   | ○ |

えていくものである。このサービスは民間によっても行われている。道路管理者はどのような視点で、民間との競争に対応していくか問われる。

図2-2は、従来の道路管理者の情報提供の性格と、民間の情報提供サービスの性格とを一つの図にしたものである。道路管理者は、道路利用者全てを対象にして、保全・安全・円滑をキーワードとするのに対し、民間は、個々の利用者への円滑・快適等をキーワードとしている。

## (2) 10年後20年後の通信環境等

日本の道路交通情報の歴史は約40年にわたる。図2-3は、手動による情報板制御から始まり、自動化までの10年、その後の様々な情報提供機器を使ってのサービス、そしてVICSに代表される路車間情報提供、そしてさらに進むと

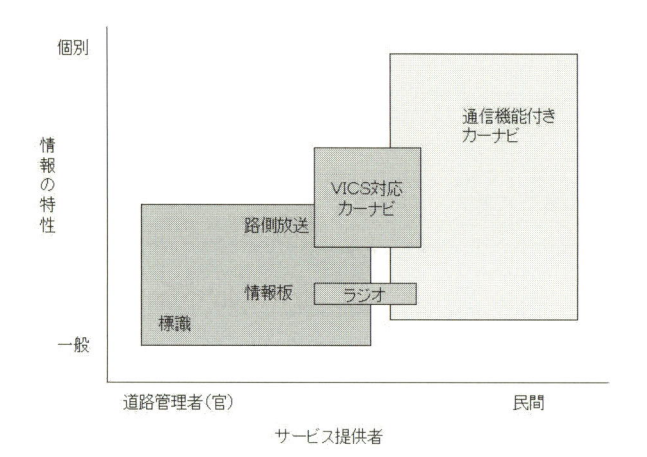

第 2 編　道路交通システムの情報収集・提供システム

図2-2 サービス提供者と情報の特性

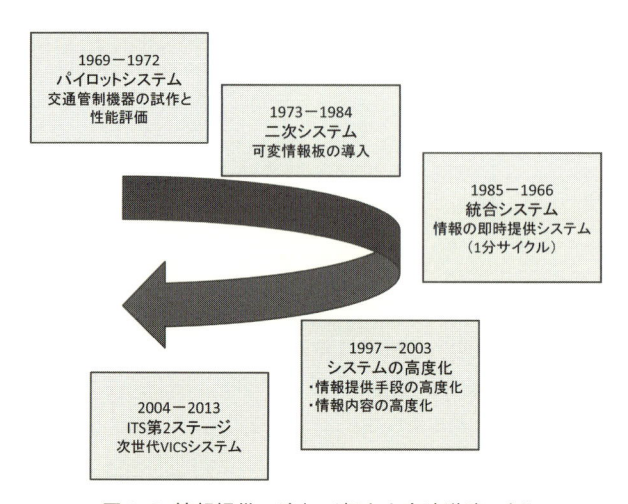

図2-3 情報提供の流れ（都市内高速道路の例）

思われるこれからのセカンドステージ10年の流れを示したものである。
　社会インフラの構築には、10年20年と長期の整備計画が必要である。また、システム構築の条件として、通信インフラ環境や電力事情等がどこまで整備改

- 42 -

善されるか、またどのレベルを前提にすべきか重要となる。

過去30数年の反省としてあえて記せば、通信についてはその時代最適な手段を採用していくことが望ましい。インターネットの時代が始まるころまでは、道路管理者自ら通信網、通信設備を構築していた。激しい通信の変化（高度化）に追い付かず、後手後手になった経験があるからである。

## （3）ノウハウ蓄積とシステム更新

システムの構築は、検討をはじめてから構築・運用に至るまで10年、そしてシステムの更新まで10年から12年というのが、日本での姿である。そういう意味では、そのような期間の長さを意識することが必要である。

また、運用とともに、様々な課題が発生し、その対応とともに、運用ノウハウが蓄積されていく。そのノウハウを次期更新に向け活かしていくことも重要となる。

このように、企画または設計、システム構築（メーカの育成）、運用（運用管理者）、そして保守（保守会社）というプロセスを経てノウハウが蓄積される。そのような体制作りも重要となる。

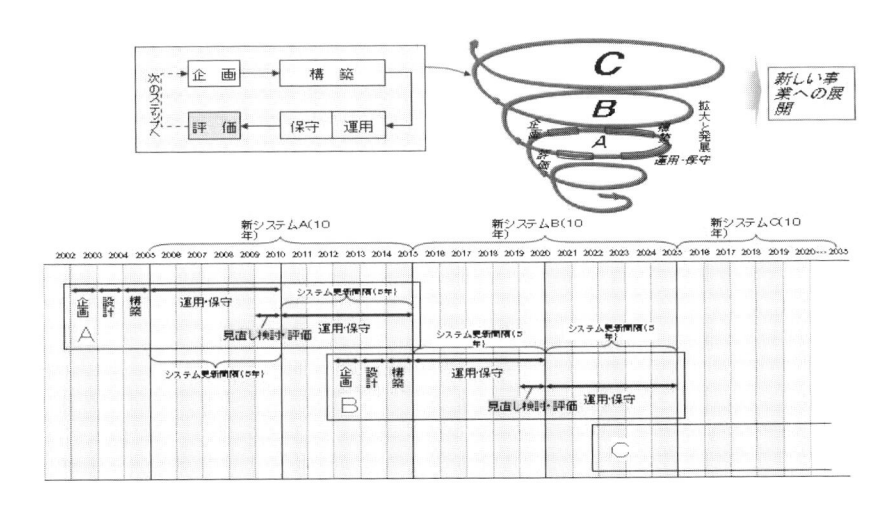

図2-4 ノウハウ蓄積とシステム更新

## 3. 基本システムと情報提供システム

　道路交通のシステムの全体像をどのように描くか。基本システムとはどのようなもので、そこに道路情報提供システムはどのように位置付けるか。これを示すのが本項である。
　ここでは議論の出発点を明確にするため、あえて基本論に立ち返る。
　道路管理者は、道路法に基づいてその管理を行っている。一方、現在のシステムは、道路管理の運用を踏まえ、その効率化に向けて採用され、また構築されてきたものである。その時々の現場の課題に対処し、また道路の延伸や管理者サイドの要望に応える形で見直されてきた。

### （1）　システムの全体像
　道路交通システムの全体像を明確にするため、それらの背景となる法律や対象とする施設等の全体を以下に示す。

### （a）道路管理の全体像と道路法
　道路管理者は、道路法に基づいて道路の維持と安全で円滑な交通流の確保に向けた業務（交通管理業務）を行っている。

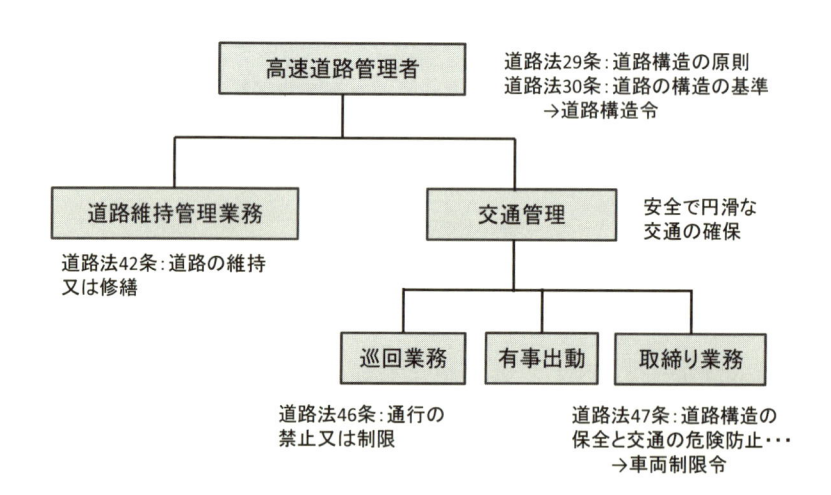

図2-5 道路管理と道路法

第1章 道路交通管理システムの概要

その交通管理業務には、巡回業務、有事出動業務そして取締り業務等（図2-5参照）がある。
　また、道路を最も効率的に運用・交通管理するための手法・手段を総称して、交通管制と道路管理者は定義している。

### （b）対象とする施設

道路の安全かつ円滑な交通を確保するための道路施設には、建築、機械、電気、通信施設、そのほかの種々の施設が設置されており、各々が重要な役割を果たしている、これらの設備は大別すると、
（ア）安全かつ円滑な交通を確保するための、トンネル諸設備をはじめとする
　　　道路照明、気象情報、電源など交通安全施設
（イ）交通流監視制御施設に代表される通信、情報板など交通管理施設
に分けることができる。これを図2-6に示す。

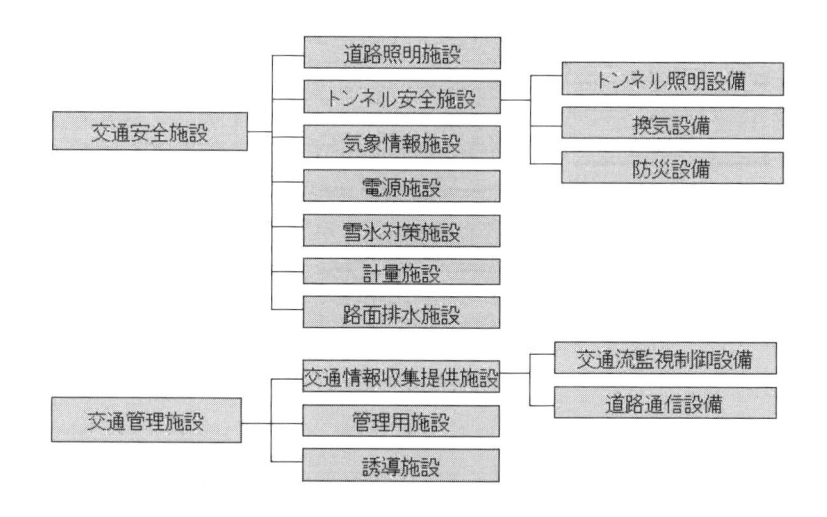

**図2-6 機械・電気・通信施設の分類**

交通管制という言葉ひとつとっても、その実際の機能とそれに対するイメージは人によって大きく異なっており、これからの議論を展開するに当たり、一つの考え方を示した。

(c) 道路管理とシステムの関係

図2-6の資料を、日本の都市内高速道路を対象に整理したものが次の図2-7である。

道路施設維持管理とは、例えば、施設管制システムとそこでの運用と管理全体を示す。サービス水準管理とは、交通管制システムとそこでの運用と管理、つまりシステムによる監視と制御及びその保守点検、さらには道路巡回業務や有事での出動等を含めたすべてを示すものである。

端的に言うと、道路の維持管理のためにある施設（交通安全施設）を運用管理するものと、情報提供とユーザサービス（電話対応等を含めた利用者へのサービス）を運用管理するものとがある。

その中で、トンネルについては、危機管理上、運用支援を中心に別システムを作り上げている。しかし、運用する所は、交通管制室であり、施設管制所である。

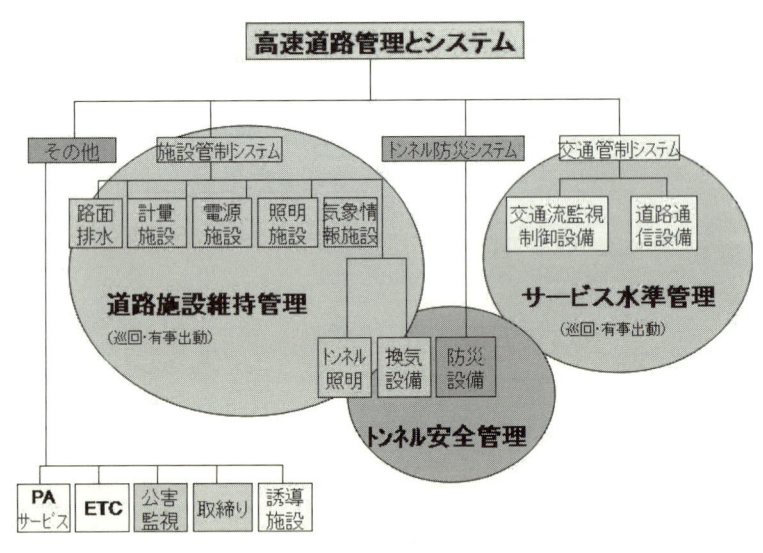

図2-7 高速道路管理とシステム対応

(2) 基本システム

道路を取り巻く基本システムは、前項まで述べたように、一つは施設管理シ

第1章　道路交通管理システムの概要

ステムであり、次に安全管理システムそして情報提供システムである。これらがどのように構築されているか、また特徴を持つかを示し、情報提供システムの全体像を示す。

図2-8は、三つの階層と共通事項に分けた道路管理機能に対し、地理的・システム的側面でどのように分類できるか示したものである[*3]。都市内高速と都市間高速では、道路気象やトンネル防災の取扱いが異なっている。

道路気象システムは、都市間高速では独立したシステムであるが、都市内高速では交通管制システムに含まれる。トンネル防災システムは、都市内高速では独立したシステムであるが、都市間高速では施設管理システムと一体となったシステムである。（ただし最近は変わってきている）

(a) 施設管理システム

施設管理システムは、前項で述べたように、交通安全施設（道路付帯設備）を監視制御するシステムである。このシステムの特徴は、現場の道路設備を施設管制室から監視制御するものであり、遠方監視制御システムと言われているものである。その監視制御方式は、サイクリックデジタル伝送として、信頼度の高いシステムとして確立されている。（伝送方式は技術の変遷でいろいろ変化している。p35参照）

この技術は、1970年代、システムにコンピュータを利用する前に確立したものであり、現場機器等の状態変化は中央の監視部で音声やランプのフリッカーにて監視員に伝達され、その変化をひとつひとつ確認していくものである。ひとつの変化を、そのつど監視員に確認させ、確実に監視と制御を行う方式である。

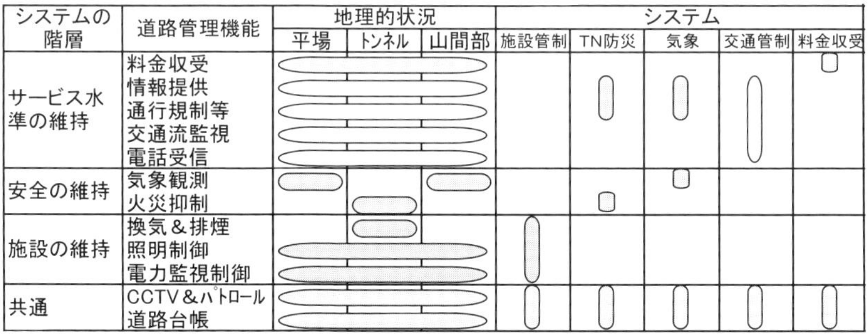

図2-8 道路管理機能の地理的対応、システム的対応

しかし、この技術は、事故等の異常事態発生時に、大きな課題がある。それは米国におけるスリーマイル島原子力発電所事故において明らかになったものである。事故は、いったん発生すると、連鎖反応的に次々と状況が変わり、その対応処理（変化に対する確認だけでも多くの処理が必要とされる）に追われるというものである。スリーマイル島原子力発電所事故は、この結果として、情報過多となり、監視員が誤って制御するというものであった。これ以降、人間工学という専門分野の中で、システム監視のあり方が問われ、いろいろ検討されている[*4]。

日本坂トンネル火災事故後の都市内トンネル防災システムの見直しの際は、日本坂トンネル事故のほか、このスリーマイル島事故を参考にし、システム設計を行っている[*5]。

施設管制システムの対象であるトンネル換気設備は、トンネル環境を確保するために必須なシステムであり、この運用はほとんどが通常時の換気運転である。火災発生時には、トンネル防災システムから『火災発生』が伝えられ、その火災発生地点に対応した排気運転が自動的に実施される。

(b) 安全管理システム

安全管理システムは、路面凍結、雪、風、雨等の気象に関するものとトンネル内での安全確保のためのシステムがある。前者は、都市内高速道路では、交通管制システムで取り扱われている。

トンネル防災システムは、日本坂トンネル火災事故後、トンネル非常用設備を中心に、トンネル内での火災事故対処のための、つまりトンネル火災事故時の運用支援のために構築されたシステムである。

トンネル火災という非常時に、多くの情報をできるだけグループ化し、わかりやすい、また判断しやすいようにマンマシンのあり方を中心に検討されたものである。

また、発生頻度の少ない火災事象を対象にしているため、非常時のほか、常日頃は訓練をしやすいように、またメンテナンスが確保されている等信頼度の高いシステムが求められる。

このトンネル防災システムは、日本坂トンネル火災事故の判決や 1999 年と 2001 年に大災害となった欧州でのトンネル火災事故等から多くの教訓が得られ、その都度見直されている。

## 第 1 章　道路交通管理システムの概要

(ア) 日本坂トンネル火災事故判決

判決は、すべて道路法第 29 条（前述）に帰着している。

判決文では次の 3 点が注目される。

① トンネルが安全であるか否かの判断基準

「トンネルの安全体制」が危険を回避するために合理的かつ妥当なものであるかどうかで判断する。

② トンネル安全体制を実施しているとは

・トンネル構造、交通量、車種、危険物輸送状況から予見できる危険に対処する物的設備、人的配置及び運営体制を講じていること。

・消防署、警察署に対する通知手段とこれらとの協力体制を講じていること。

・道路利用者への危険の通知、警告についての物的設備と人的配置を講じていること。

③ トンネル安全体制の合理性・妥当性の判断

・設備水準は、事故時点の技術水準で判断する。

・設備設置後の技術進歩で危険回避が確実になることが明らかなときは改修更新すべきである。

・設置費用、予算上の都合で「安全体制が妥当性を欠く」ことは許されない。

(イ) 欧州での火災事故

1999 年に、モンブラントンネルそしてタウエルントンネルと二つの大きな火災事故があり、多くの犠牲者が出た。欧州連合では、専門家を招集し、トンネルの安全性に関する検討を指示した。2001 年の 10 月にはその勧告書[*6]が出ている。その内容からいくつか紹介する。

安全性に関しては、第一に予防であり、第二に被害の最小化である。

予防とは、人命・環境及びトンネル設備を脅かすような危機的な事象の発生を防止すること。被害の最小化とは、いったん発生した場合の処理についてである。

表 2-3 にそれらの項目を示す。

また、強調されているのは、火災が発生して、最初の 10 分が決め手になるということである。この 10 分間では、消防隊や道路管理者が対処できないため、

事故当時者自ら消火や避難を行うことが基本となっている。
　この勧告書では、水噴霧の効果については判断し得るだけのデータを持ち合わせていないということであった。しかし、それ以降、多くの実験がされている。

表2-3　安全のキーワード

| 安全のキーワード | 内容(勧告書より) |
| --- | --- |
| 事故・火災の予防 | ・安全キャンペーン／ドライビングテスト<br>・入坑前チェック<br>・交通規制の遵守監視<br>・危険物輸送車両に対する対策強化<br>・管理者による徹底的な事前トレーニング |
| 被害の最小化 | ・事故当事者のセルフレスキューの支援<br>・道路利用者の消火活動支援<br>・消防隊の支援<br>・環境の保護<br>・トンネル構造物の損傷抑制 |

　また、安全管理者という新たなポスト、および運用系のあり方が提案されている。非常時の際、一人の安全管理者の下で、すべてのシステムが連携を取り合って運用される姿が提案されている。

(c) サービスレベル管理（交通の円滑化）システム
　サービスレベル管理システムは、交通規制、交通状況監視、情報提供、電話対応、利用料金徴収等の機能を交通管制システムと ETC とによって実現されている。ここでは、交通管制システムの中の情報提供について、次節で取り上げる。

(3)　情報提供システム
　現在の道路情報の提供手段とそれぞれの特徴を取り上げる。
(a) 提供システムの全体像[*7]
　道路情報提供の全体像を表2-4に示す。道路利用者が情報入手する地点（情報提示の場所）ごとに、その手段を取り上げている。
　この中で、最も代表的な情報提供設備である道路情報板の特徴を整理すると次のようになる。
　① 走行中の全てのドライバに情報提供を与えることができるインフラであ

② 走行中の操作や情報入手等でのドライバの負担がない。
③ 優先事象（1～2事象）に絞って情報提供される。
④ 文字数の制限から簡潔に提示されるので詳細ではない。
⑤ 設置場所が固定されているので情報提示の再現性がない。

表2-4 情報提供のシステム

|  | 道路情報板 | ハイウエイラジオ | 車載機（VICS） | 一般放送 | 電話案内、インターネット等 | 情報ターミナル |
|---|---|---|---|---|---|---|
| 提示の場所 | 分流手前等設置地点 | 特定地点（2～3km） | 車内 | 車内（道路情報放送時） | 出発前から走行中どこでも | 休憩施設 |
| わかりやすさ | ○ | ○ | ◎ | ○ | ◎ | ◎ |
| 情報の量 | △ 文字数の制限有り | ○ 放送時間の制限あり | ◎ | ◎ | ◎ | ◎ |
| 表示自由度 | ○ | ○ | ◎ | ○ | ◎ | ◎ |
| 提示手段 | 視覚 | 聴覚 | 視・聴覚 | 聴覚 | 視・聴覚 | 視・聴覚 |
| 伝達容易性 | ◎ | ◎ 1,620kHzのセットが必要 | ◎ 出発前にセットする必要有り | △ 必要なときに放送がない場合がある | △ 電話をかける操作が必要 | △ SA／PAに立ち寄る必要有り |
| 安全性 | ○ | △ | ◎ | △ | △（走行中） | ◎ |
| 利用度 | ◎ | ○ | ○ | ○ | △ | ○ |

　道路情報板の表示方式は字幕内照式、電光式（電球ランプ）が主流であったが、LED（発光ダイオード）の高輝度タイプが実用化され、また、昭和63年（1998年）に建設省土木研究所（現国土交通省国土技術政策総合研究所）が中心となり「LED表示板の開発に関する研究」が官民共同研究の一つとして行なわれ、屋外型LED表示板が開発された。長寿命、省エネルギー、3色表示によ

る視認性の向上といった利点から、近年では表示素子にLEDを使用した方式が主流である。

　ドライバの視覚特性から情報板に求められる要件は種々あるが、基本要素としては、①表示文字の大きさ、②コントラスト、③表示色、④表示輝度である。ただし、単独の条件で決定されるのでなく、情報板の設置位置、車両の走行速度、表示文字数、表示判読時間等との複合的な検討が必要である。また、運転中に無理なく情報を入手するためには人間工学的な眼球運動の特性を考慮する必要がある。

（b）本線上及び料金所における情報提供

① 道路情報板

　道路情報板は、刻々と変化する道路情報を道路利用者に視覚により伝達するものである。

　a）インター流出部情報板

　インター流出部情報板は、事故等により高速道路等を区間閉鎖するとき、既に本線上を走行中のドライバに対し、速やかに情報を提供し当該インターチェンジより流出させたり、本線前方の道路・交通状況の情報を提供し、ドライバの安全走行や経路選択を促すことなどを目的に、インター流出部の約200m手前に設置される。

　b）インター入り口情報板

　インター入り口情報板は、これから高速道路を利用しようとするドライバに対して、予め本線上の道路状況、交通状況、気象状況等を提供し、特にドライバが高速道路の利用の適否等を判断するために、インターチェンジに進入する手前の一般道路に設置される。

　c）料金所情報板

　料金所情報板は、これから道路を利用しようとするドライバに対して、予め本線上の道路状況、気象状況等の道路交通情報を提供することを目的に、料金所入り口ブースの前面に設置される。

　d）トンネル入り口情報板

　トンネル入り口情報板は、トンネル内で事故や災害が発生した場合に、防災上後続車をトンネル入口手前において停止させる必要があることから、トンネル入り口部より手前約300mに設置される。

e) トンネル内情報板
 トンネル内情報板は、トンネル内を走行中のドライバに対して、異常事態を速やかに提供して、事故の拡大を防止することを目的に、トンネル延長の長いトンネルに設置される。
f) 広域情報板
 広域情報板は、重要度の高い道路交通情報等を広範囲にわたって提供し、ドライバに経路選択や旅行計画策定を支援することを目的として、一般道を含めた道路ネットワークを考慮しつつ、ジャンクションや気象急変地区の手前などに設置される。
g) ジャンクション情報板
 ジャンクション情報板は、1方向の路線に交通規制や障害が発生した場合、他方向の路線への誘導や本線前方の道路交通の状況を提供し、ドライバの安全走行や経路選択等を促すことを目的として、ジャンクション分岐手前約750mに設置される。
h) 所要時間情報板
 所要時間情報板は、本線を走行中のドライバに主要インターチェンジまでの所要時間を提供することを目的として設置される。なお、表示色については、道路状況を併せて提供するため、順調時を緑色、渋滞時を橙色、所要時間が2時間以上の場合と順調時の2倍以上となる場合は赤色で表示される。
i) 図形時間情報板
 主なインターチェンジまでの通行止めや渋滞等の道路状況を図形により表示し、併せて所要時間を提供する目的で設置される。インター流出部情報板等の文字情報よりも道路状況が把握しやすく、また複数の道路状況を提供できるため、渋滞頻度が高く、特に複数の渋滞が発生する頻度が高い区間に設置される。
j) 休憩施設混雑情報板
 休憩施設混雑情報板は、前方（概ね三つ先）の休憩施設の混雑状況を提供し、混雑の激しい施設から比較的空いている施設への利用分散を図り、休憩施設混雑緩和、利用効率の向上、ドライバの利便性を図る目的で設置される。
② ハイウエイラジオ
 ハイウエイラジオは、インター流出部情報板など文字による情報提供は、伝えられる情報量に限界があることから、情報板を補完する装置としてジャンク

ション手前や渋滞頻度の高い区間、気象急変地区の手前など、事象の多いところに設置している。ハイウエイラジオの周波数は 1,620kHz とされ、各道路管理者や警察関係も同一の周波数としている。

高速道路では、予め設定した優先順位に従って、放送文を自動編集・音声合成により約 1 分間の放送文とし、時々刻々と変化する情報を速やかに提供している。また、放送区間は走行中のドライバが最低 2 回の聴取ができるように約 3km にわたってアンテナが設置されている。

③ VICS「道路交通情報通信システム」

VICS は、VICS 車載機に対し道路交通情報を提供するシステムで、高速道路では本線上に設置した電波ビーコンより情報を提供する方式を用い、平成 8 年度より提供が行われている。VICS 情報は、VICS 対応の車載機（カーナビ）上に、文字情報、簡易図形情報、地図情報の三つの方法で提供が行われている。

(c) 休憩施設における情報提供

ハイウエイ情報ターミナルは、高速道路の休憩施設に立ち寄ったドライバへ情報提供を行うことを目的に設置している情報提供機器で、インフォメーションパネル、リクエスト端末、ハイウエイテレビ等の端末で構成される。走行中のドライバへの情報提供は、提供できる情報量に制約があることから、ハイウエイ情報ターミナルでは、詳細な道路交通情報をはじめ、市町村情報など多様な情報も提供される。

(d) 出発前における情報提供

① ハイウエイテレホン

ハイウエイテレホンは、高速道路の道路交通情報を提供するテレホンサービスである。出発前に自宅から電話をかけることによって、自動編集／音声合成された約 2 分間の放送分を 24 時間いつでも聞くことができる。

② ハイウエイ FAX

ハイウエイ FAX は、ファクシミリ（FAX）付電話からハイウエイ FAX に電話をかけ、ガイドに従って操作することにより、通行止め、チェーン規制、渋滞情報等の情報をルート図や文字情報によって紙面に表示し提供するシステムで、平成 10 年より提供が行われている。

(e) インターネット道路交通情報

インターネットによる道路交通情報の提供は、関係機関との調整のもと、平

成 12 年より日本道路交通情報センターのホームページ上で提供が行われている。各地域ごとの高速道路の通行止めや渋滞等の道路交通情報を図形や文字で提供しているほか、県別の一般道路の情報も提供している。

　なお、NEXCO 等のホームページ上でも上記道路交通情報にリンクすることにより同様の情報を提供している。

# 第2章
# 道路交通情報システム

　前章において、サービスレベル管理システム（交通管制システム）の位置づけについて述べた。本章は、この交通管制システムの主要な機能"情報提供"について述べる。有料道路において、交通情報をどのように提供し、安全で円滑な道路環境をつくるか、それを実現する交通情報システムの全体像を示すものである。

## 1. 有料道路の交通情報システム

　交通情報システムは、事故発生情報をドライバに早く伝える、ランプに乗る前にその先の道路状況を知らせる、また道路網を最適化するためにドライバに迂回路を推奨するというように、有料道路運用者が行う作業を、早く、一貫した方法の下に運用することを支援するシステムをいう。
　図2-9は、センターシステムを有料道路管理者が運用し、交通情報提供する姿をサブシステム相互接続図上に示したものである。
　交通管制センターシステムは、有料道路運用者のセンターシステムである。この有料道路運用者が路側において、どのような情報提供をするかが右下の路側機器である。インターネットやSMS等によって、事務所において、または出発前のドライバに情報提供するのが左上の遠隔アクセスである。
　左下のブロックは、車載器を通してドライバが情報入手するものである。

　図2-10は、有料道路運用者が安全で円滑な交通、さらには快適な道路環境を提供するために、一般的にサービスされている内容を、情報提供者の特質（公的機関～民間事業者）と顧客への提供サービスの特徴（一般的内容～個人の要望に応えるような内容）を横軸、縦軸に示したものである。日本や欧米において推進されてきた経緯でもある。

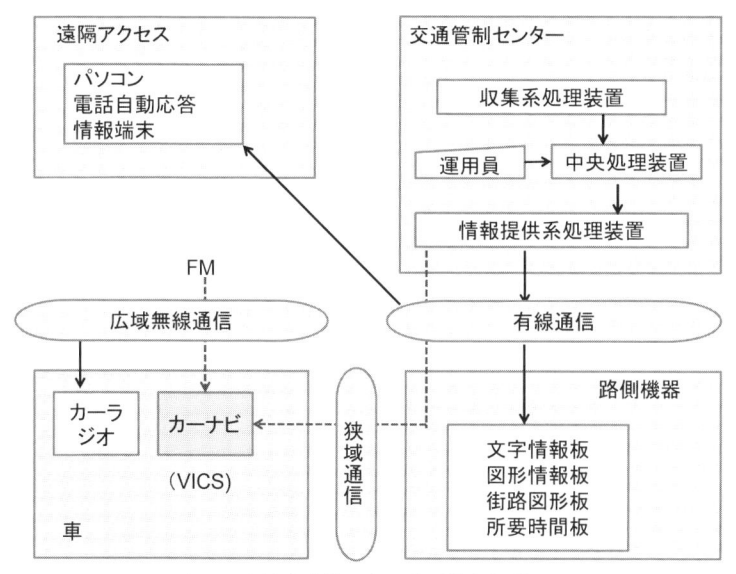

図2-9 有料道路管理者の交通情報提供システム

この図からは、情報提供サービスが、安全→円滑→快適性というように変遷してきたことが分かる。交通情報提供システムを考えるとき、その順番は、第一に安全であり、第二に円滑への実現のための情報提供であることが分かる。

## 2. 情報内容と提供方法

交通情報システムは、有料道路で発生した様々な事象（イベント）を的確にドライバに伝える。それによってドライバは危険を回避するために走行速度を下げたり、有料道路を降りる等の運転行動を行うことができる。

高速道路で発生する様々な事象がどのように情報提示されるか整理する。

(1) 事象

表2-5に事象の種類と事象の概要を示す。

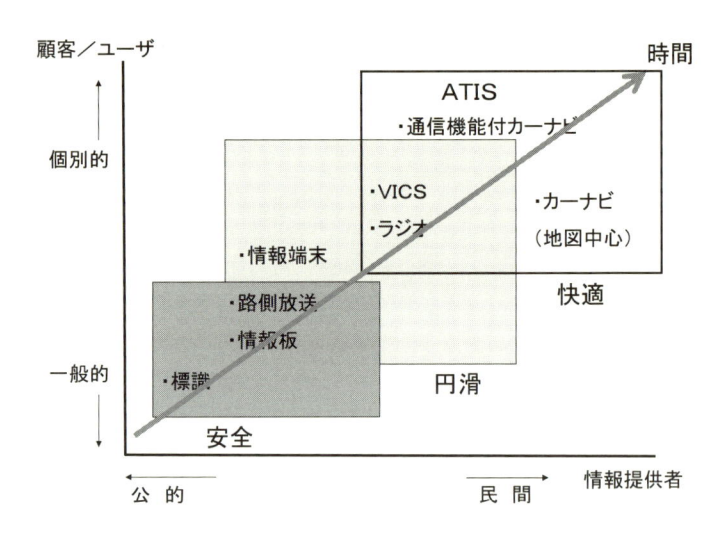

図 2-10 交通情報の特徴

表 2-5 事象の種類と事象の概要

| 事象の種類 | 事象の概要 |
| --- | --- |
| 渋滞 | 時間・場所・渋滞原因・渋滞状況 |
| 事故 | 時間・場所・事故対象・事故形態・処理状況 |
| 火災 | 時間・場所・火災対象物・処理状況 |
| 災害 | 時間・場所・規制車線・障害対象物 |
| 故障車 | 時間・場所・停止車線・処理状況・車種 |
| 路上障害 | 時間・場所・落下車線・落下対象物・落下状態 |
| 工事 | 時間・場所・規制車線・工事内容 |
| 工事予定 | 時間・場所・施工開始・規制時間・工事内容 |
| 気象 | 時間・場所・気象分類・気象状況・測定値 |
| 交通規制 | 時間・場所・規制車線・規制原因・規制内容 |

(2) 情報提供場所

ドライバが情報を必要とする場所は以下のとおりである。
① 出発前（自宅、オフィス）

② 行動の判断を要するインターチェンジ出口手前
③ 行動の判断を要するインターチェンジ入口の手前
④ 行動の判断を要する路線の分岐点の手前
⑤ 注意喚起が必要な渋滞多発発生地点の手前

(3) 情報提供時期

ドライバが情報入手できる時期は、大別すると、出発前と走行中の二つである。

道路運用者が提供する情報の中で、出発前の情報には、ドライバの目的地や利用路線が不明のため、道路運用者は全方向の情報を提供するしかない。そして、ドライバが欲しい情報を選択することになる。

走行中は、ドライバは進行方向の先の情報を欲する。そのため、道路運用者は、情報提供地点の先の情報を提供する。そのとき、情報は複数あることが想定され、事象の重要度に応じた提供が必要となる。

(4) 情報提供の周期

交通情報システムは、都市間高速道路では気象状況を重点にし、交通集中時期の渋滞対策を前提にしている。都市高速道路では、恒常的に発生する渋滞対策が中心となる。このように交通情報システムは、地域性や季節などの特性、道路構造、交通状況に差異があり、その狙いも異なってくる。

表2-6は、日本でのシステムの比較である。

表2-6 都市間と都市高速道路におけるシステムの比較

| | | 都市間 | 都市内 |
|---|---|---|---|
| 道路・交通の特徴 | | IC間距離 10～20km、最高速度100km/h、気象状況の地域的変化大、渋滞は特定期間に発生 | IC間距離 1～2km、最高速度80km/h、気象状況の地域的変化は小、渋滞は日常的に発生 |
| 情報提供の特徴 | 当初 | 気象情報＋可変速度規制 | 分岐前：渋滞長<br>入口：通行止め、事故等 |
| | 現在 | 渋滞長、所要時間（行き先別）SA／PA情報 | 渋滞長、所要時間（経路別） |
| 情報提供周期 | | 5分（大都市周辺は1分） | 1分、または2.5分 |

表 2- 7 情報提供周期

| 提供周期 | 1分 | 2.5分 | 5分 | 30分 |
|---|---|---|---|---|
| メリット | 現場状況が早期に反映される。 | 交通流変動の変化に合致した周期。 | 5分は、交通流変動の変化を吸収できる。 | 手動制御で対応できる可能性がある。 |
| デメリット | 交通流変動を平滑化する技術が必要となる。 | 最近の新しい取り組みである。 | 現象の変化にいち早く対応したサービスには至らない。 | 30分前の交通情報をもらうことはドライバにとってメリットがない。 |
| 推奨 | ○ | ○ | ◎ | × |

　日本では、30〜40年の取り組み後、表2-7の内容となっている。今後ゼロベースから開発するのであれば、5分とすることを推奨する。それは、1分から2.5分周期にするには、交通流変動等の理解やデータ平滑化のノウハウを必要とするためである。その代わり、後に提供系を高速化する際に、容易に対応できるように情報収集系の収集サイクルは1分としておくことを推奨する。

## 3. 情報提供機器とその特徴

　情報提供機器は、道路情報板、ハイウエイラジオ、車載機（VICS等）等があり、それらの特徴は表2-4に示している。
　情報板等の視認要件（視認距離・コントラストと輝度・表示板設置位置）等の内容は、"高速道路交通管制技術ハンドブック[7] p140〜"を参照してほしい。

## 4. 情報収集系

　ここまで、ドライバニーズ、および有料道路管理者のニーズに応えるために情報提供内容と機器の特徴を示した。次に、それら情報を入手する手法とその収集系の検討を行う。
　それは、情報提供を自動的に行うためには、収集系もそれなりの設備を必要とするためである。投資との兼ね合いで、情報提供のサービスレベルを決めることも考えられる。ここでは情報提供を考えるときにどのような課題があるか基本事項を提示する。

## （1） 情報収集手法と運用

図 2-11 は、交通情報システムとして、どのような入力系があるか、またその後の運用の流れを示したものである。

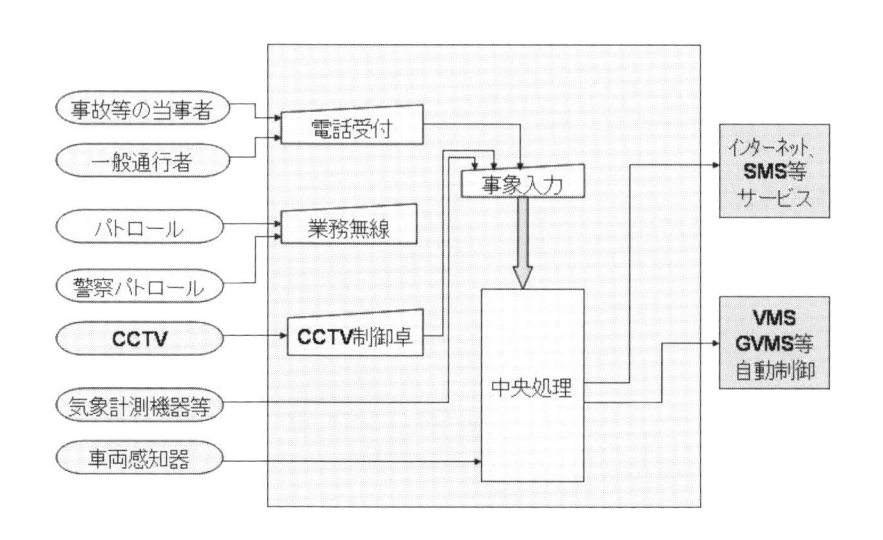

図 2-11 情報入力と運用の流れ

様々な事象に対して、ドライバからの情報入手、有料道路管理者と警察のパトロールカーからの情報がある。事故等の場合は、これらの現場からの情報が基本となる。CCTV にて、それらの情報を運用者は目で確認し、その内容をシステムに入力する。上図の事象入力のことである。それによって、中央処理装置は、提供情報を自動的に作成し、複数の VMS 等に自動的に情報を出すことができる。

上図の運用イメージは、電話受付台、業務無線、CCTV 制御台そして事象入力卓にそれぞれ運用者が 1 人張り付いて、さらに責任者 1 人の 5 人の運用体制を想定している。

また、交通状況の計測（渋滞状況や路線利用度の把握のための計測）は、車

両感知器等のデータによる。
　以上のように、交通情報システムへの入力方法と運用に視点をあてると表 2-8 のようになる。

表 2-8　情報収集の方法と運用

| 対象事象 | 情報収集の方法 | 運用 |
| --- | --- | --- |
| 事故、火災、災害、故障車、路上障害 | パトロールカー、CCTV | 事象入力（マニュアル） |
| 工事、工事予定、交通規制 | 内部管理情報、CCTV | 事象入力（マニュアル） |
| 気象 | 風向風速計、雨量計、地震計 | 事象入力（マニュアル） |
| 渋滞及び交通状況 | 車両感知器等 | 自動処理 |

(2) CCTV 監視
　CCTV カメラ利用の基本方針について検討する。
1) 目視情報をもとにした運用の限界
　初期のシステムの運用は、CCTV 映像を見て、システム運用者が交通事故や渋滞等の情報を作成し、VMS 等に情報提供を出力するというものである。運用者が目で事象と渋滞状況を確認し、情報提供するものである。
　この運用方法は、CCTV カメラの数が 10 数台までのレベルであるならば可能であって、監視対象が多い（道路延長が長く CCTV カメラ数が多い）場合は適切な運用が不可能となる。
2) 基本的利用目的と設置基準
　CCTV カメラの利用は、渋滞や事故等の現場状況を確認するためにある。
　その設置基準は、分流合流等、事故等が発生しやすい地点を中心に設置するものとし、目安として、1 km ごとに 1 台の CCTV カメラを設置している。また、現場状況を確認することに主眼を置くため、ズーム機能があり、カラー映像で、動画で監視できることが望ましい。
(3) 車両感知器による計測
　前に取り上げた対象とする事象の中で、渋滞と交通状況について、以下に補足する。
　渋滞と交通状況（事故、故障車、落下物等の事象が発生した時を除いた）の

## 第2章 道路交通情報システム

計測目的は、偏った道路利用を最適化するために二つのルートの渋滞状況を知らせる、または二つのルートの旅行時間の違いを知らせることにある。また、インターネットやSMS等で、ネットワーク全体の状況を知らせる場合に必要となるデータである。

これらのデータ収集には、表2-8のように車両感知器等が利用されるが、そのときに重要となるのが、どのような単位にて情報提供サービスするか、つまり渋滞長は1kmくらいの精度で行うか、IC間(約数～10km)が渋滞という精度で行うかという議論である。表2-9に示すように、これが車両感知器の設置間隔を決めることになる。

表2-9 渋滞表示単位と車両感知器設置間隔

| 渋滞表示単位 | 渋滞長<br>精度1<br>(±500m) | 渋滞長<br>精度2<br>(±1km) | オンオフランプ<br>(分合流)にはさ<br>まれた区間 | IC にはさまれた<br>区間 |
|---|---|---|---|---|
| 車両感知器の<br>設置基準 | 500mごと | 1kmごと | 約2km～<br>3kmごと | 約7km～<br>13kmごと |
| 推奨案 | ○ | △ | ○ | △ |

車両感知器については、他の目的でも設置される。ひとつは料金収受システムのためであり、もうひとつは、路線利用度把握等管理情報作成のためである。

料金収受では、オンランプとオフランプに車両感知器を設置する。これによって、入出力の確定ができる。

もうひとつの路線利用度把握について言えば、表2-10に示すように、分合流にはさまれた区間で、その中ほどの交通流が一様になると想定される地点で計測することが基本である。

以上の交通状況の計測は、従来手法の紹介である。車両感知器に代わるものとして、車の走行履歴データ(プローブカーデータ)の利用が考えられる。

車両感知器等への設備投資ができない場合は、バスやタクシー等公共車両に車載器を取り付け、そのデータによる交通状況計測も有効である。

表 2-10 交通状況の計測

| 対象事象 | 計測項目 | 二次的算出データ | 計測機器＆システム |
|---|---|---|---|
| 渋滞と交通状況 | 断面交通量 | — | 車両感知器 |
|  | 地点速度、オキュパンシ | 渋滞度、区間旅行時間 | 車両感知器 |
|  | 2地点旅行時間 | — | プローブ |

## 5. 中央処理システム

交通情報システムの中央処理システムの概要について述べる。

交通情報システムの中央処理システムは、図 2-12 に示すように、四つの制御卓と、CCTV モニタ、そして大型表示板とで構成される。このほか、中央処理装置の機能は、交通情報交換機能、インターネットサービス機能、そして VMS 等の制御機能等により構成される。

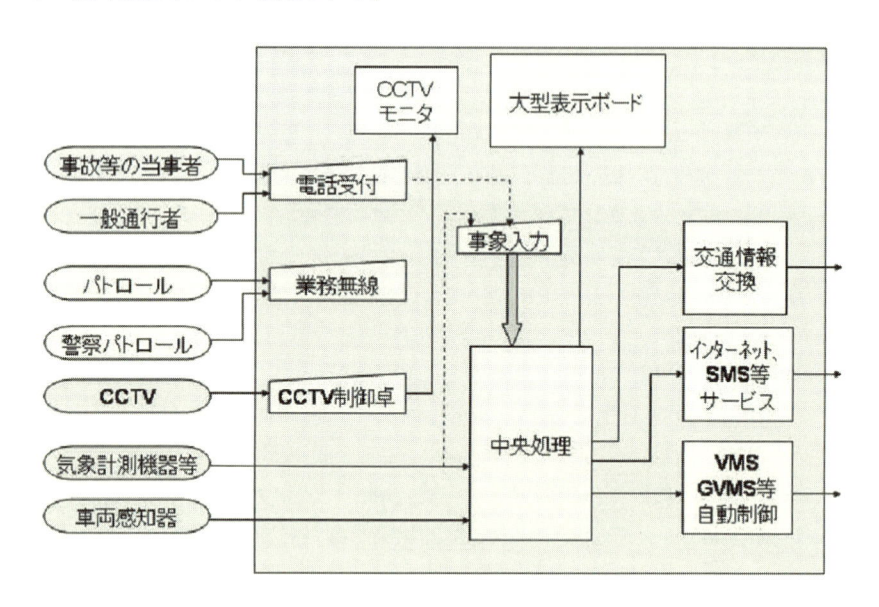

図 2-12 中央処理システム

第2章　道路交通情報システム

　また、情報処理の流れによる分類では「情報収集」、「情報処理」、「情報提供」となり図 2-13 のような機能構成となる。この中で情報処理については、第 3 章にて説明する。

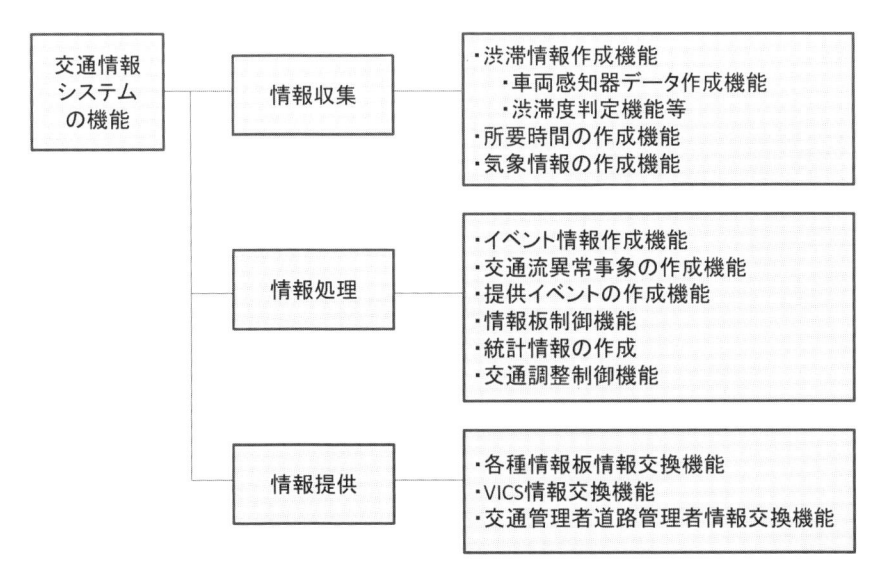

```
交通情報        ┌─ 情報収集 ──  ・渋滞情報作成機能
システム        │                   ・車両感知器データ作成機能
の機能          │                   ・渋滞度判定機能等
                │               ・所要時間の作成機能
                │               ・気象情報の作成機能
                │
                ├─ 情報処理 ──  ・イベント情報作成機能
                │               ・交通流異常事象の作成機能
                │               ・提供イベントの作成機能
                │               ・情報板制御機能
                │               ・統計情報の作成
                │               ・交通調整制御機能
                │
                └─ 情報提供 ──  ・各種情報板情報交換機能
                                ・VICS情報交換機能
                                ・交通管理者道路管理者情報交換機能
```

図 2-13 交通情報システムの機能構成

## 6. 通信系[*7]

　交通管制システムは、前節で述べたように、情報収集、情報処理、情報提供等の多様な設備から構成され、密接な情報のつながりの中で有機的に機能を実現している。図 2-14 に示すように各構成設備をつなぐ役割を果たしているのが「通信系」であり、各設備の特性に合った通信方式で接続され、情報のやり取りを可能にしている。

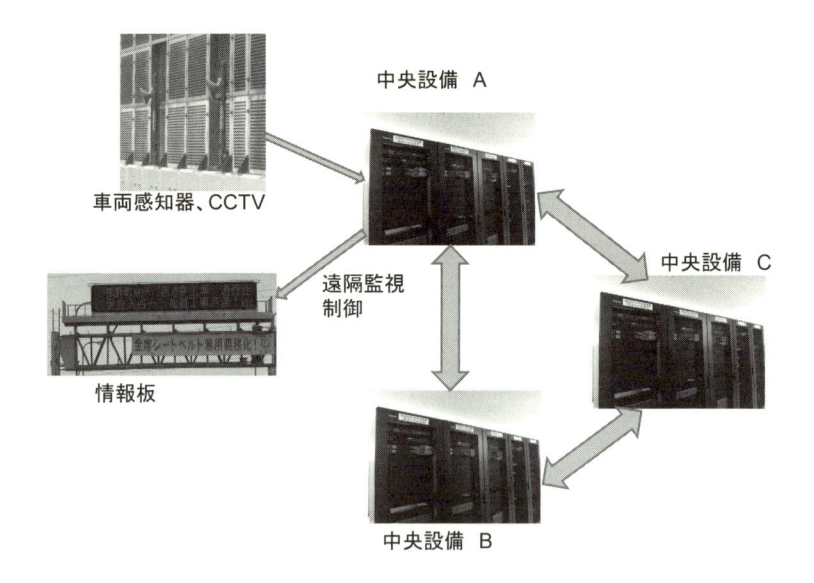

第2編　道路交通システムの情報収集・提供システム

図 2-14 交通管制システムにおける通信の役割

　また、各設備が設置される場所の視点からみると、道路上あるいは路側に設置される端末設備と、それらとは異なる離れた位置で、情報の処理をする中央設備から構成されることが交通管制システムの大きな特徴である。言い換えると、交通管制システムにおける通信設備は、屋外の端末設備を結び、中央設備から遠隔監視・遠隔制御等を可能にする役割と、各種中央設備を結び、多量の情報を高速で結ぶ役割を持っている。

**（1）通信系設備**
　交通管制及び関連するシステムにかかわる道路上あるいは路側に設置される端末設備は多様なものがあり、これらの中央設備を結ぶ通信方式は有線通信と無線通信に大別される。さらに、その情報区分、通信種別、通信用途からみると表 2-11 に示すように分類される。
　一方、近年の道路網の拡大により、情報を伝達する距離は数十 km から数百 km にも及び、最近では 1,000km を超えることがある。このため、多種多様な端末設備の効率的な制御監視のため、通信システムは幹線系～ローカル系～端

末系といった通信速度や方式の異なる多層的な構成が取られている。有線通信システムの代表的な構成を表2-12と図2-15に示す。

表2-11 通信系設備の機能分類

| 通信方式 | 情報区分 | 通信種別 | | 通信用途 |
|---|---|---|---|---|
| 有線通信 | 電話系 | 業務電話 | | 業務用電話による通信 |
| | | 非常電話 | | 非常電話による緊急通信 |
| | 放送通信系 | 再放送・緊急放送 | | トンネル内ラジオ再放送・緊急放送 |
| | | 路側放送(ハイウエイラジオ) | | 路側からラジオへの交通情報提供 |
| | | 一斉放送 | | 日常・防災時の一斉指令放送 |
| | データ系 | 交通管制 | 車両感知器 | 車両感知器データの伝送 |
| | | | 情報板 | 提供情報・制御・監視データの伝送 |
| | | | 情報ターミナル | 提供情報・制御・監視データの伝送 |
| | | | VICS端末 | 提供情報・制御・監視データの伝送 |
| | | 施設管制 | | 施設管制のデータ伝送 |
| | | トンネル防災 | | トンネル防災データ伝送 |
| | 画像系 | 画像伝送 | CCTVカメラ | 交通監視画像の伝送 |
| 無線通信 | 無線通信系 | 移動通信 | | 管理用無線通信 |
| | | 衛星通信 | | 防災用画像・電話・FAX |

表2-12 通信系設備の階層

| 構成 | 説明 |
|---|---|
| 幹線系伝送システム | 中央設備が配置される本社、管理局、管理事務所等の間を結ぶ幹線となる通信システムを構成する設備である。音声、データ、画像等の信号は集約、多重化し高速で伝送される。光ファイバケーブルによる同期多重伝送を考慮し高速で伝送される。光ファイバケーブルによる同期多重伝送方式を考慮して国際標準化されたSDH多重方式、さらに非同期方式高速通信であるFDDI方式等が使われている。 |
| ローカル系伝送システム | 高速通信網に点在する集約通信設備と管理事務所の間を結ぶ通信システムを構成する設備である。 |
| 端末系伝送システム | 路側あるいは道路上に設置された端末装置と集約通信設備とを結ぶ通信システムを構成する設備である。 |
| 交換システム | 業務電話等の回線交換を行うための設備であり、交換装置等から構成される。 |
| 通信網監視システム | 通信システムの運用状況を監視し、回線試験や回線切り替えを行うための設備である。 |
| 伝送媒体 | 幹線系およびローカル系については光ファイバケーブル、端末系についてはメタリックケーブルが主に使われる。 |

(2) 技術の変遷
① データ伝送
　交通管制システムが導入され始めた昭和40年代(1965～1975)には、データ通信技術がまだ発展途上にあり、遠隔制御、特に屋外設備の制御のための通

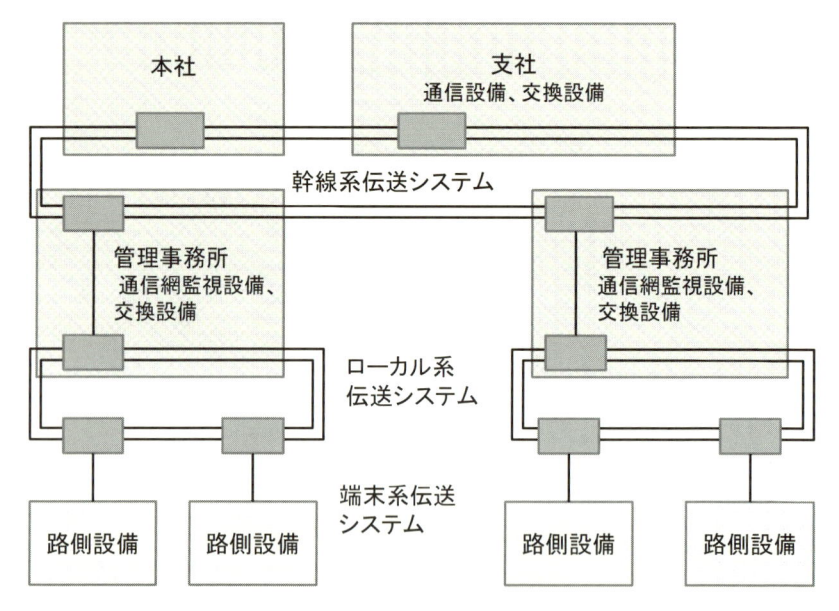

図 2-15 伝送路構成の事例

信は、電話・電信に準じた方式が採られた。このため、通信速度も 50〜200bps 程度の低速であり、伝送する情報量も限られていた。また通信方式もシステムにより、独自な方式が採用されていた。

その後の技術の発展に伴い、通信速度の高速化とともに、標準化を目指す方式が提唱された。その一つが CDT（Cyclic Digital Transmission）と呼ばれる方式で、固定的なタイミングでの情報伝送ではあるが、リアルタイムでの大量データの伝送を可能とした。

一方、交通管制端末設備の多様化により、自由なタイミングでの情報伝送や、高信頼性を確保した大容量伝送が求められるようになり、HDLC（High level Data Link Control）方式が採用されるようになった。最近では、ネットワーク層、トランスポート層の標準化を図った TCP/IP 方式が利用されるようになっている。

② 画像伝送

CCTV カメラ等の画像を通した交通流の監視は、交通状況を一目で把握でき

ることから、交通管制システムの初期の段階から主要設備として導入されている。一般に CCTV カメラ等の画像信号は 50Hz～4.5MHz までの広い周波数帯域を有しており、これらの信号をどのような方式で長距離伝送するかが課題であった。初期段階では、伝送媒体として同軸ケーブルや低損失（Low Loss）平衡ケーブル等を使うメタリック方式であった。しかし、数十から数百 km もの広範囲監視が必要な交通管制システムでは、光ファイバケーブルの普及に伴い、雑音に強く、無中継距離の長い光ファイバ方式が採用されるようになり、現在主流となっている。

また、光ファイバケーブル方式の変調方式には、アナログ光伝送方式として D-IM（Direct-Intensity Modulation）方式、PFM-IM（Pulse Frequency Modulation- Intensity Modulation）方式、デジタル光伝送方式として PCM-IM（Pulse Code Modulation）方式が伝送距離に応じて使い分けられている。

③ マルチ伝送

交通管制システムは、多様な端末設備から構成されており、情報内容もデータ、画像、音声情報と様々な情報形態となっている。各情報に対する通信はデータ量、通信速度、周波数帯域等の違いから、当初（現在でも）別個に構築されてきたが、デジタル化、通信速度の高速化に伴い、統合化したマルチメディア通信へと展開しており、その境界は次第に不明確になりつつある。最近では、屋外端末機器に対しても IP 化が進められている。

# 第3章
# 中央処理システムの機能

　本章は、前章で述べた道路交通情報システムの中央処理システムについて、特に、その機能について述べるものである。

## 1. 交通監視と情報提供のためのロジック

　中央処理システムでは、道路上で発生する様々な事象や道路上の交通流を捉えて、それらの収集情報から様々な方法(ロジック)を用いて基本交通データを作成し、各種表示や提供を行う。

　収集情報には、オンラインで入力される情報とオフラインで入力される情報がある。オンライン系の代表的な情報としては、車両感知器サブシステムから収集される交通諸量（Q、V、Occ）であり、その交通諸量を用いて作成されるものが渋滞情報である。

　オフライン系の情報としては、非常電話／携帯電話からの通報やパトロールの業務用無線からの報告、またはCCTVモニタの映像監視によって得られる情報から管制員が判断し、事象として交通管制マンマシンから登録するものがある。

### (1) オフライン事象

　オフラインで収集される事象を交通管制マンマシンから入力することにより、道路上で発生している事象をセンターシステムのロジックに登録事象として取込むことができる。表2-13に事象の種別と形態（例）を示す。

### (2) 渋滞情報作成

　渋滞情報を自動で作成するための判定アルゴリズムや判定のための定数は、対象とする道路状況や運用を踏まえて決定することが望ましい。導入初期のシステムについては、渋滞情報作成のアルゴリズムを導入し、その後、運用を重ねて対象道路の交通事情にあったチューニングを行っていくことが、トラブル

表2-13 事象の種別と形態(例)

| 発生事象 | 形 態 | | | | 備 考 |
|---|---|---|---|---|---|
| 事故 | 施設接触<br>車両火災<br>施設乗上 | 横転転覆<br>荷崩れ<br>転落 | 車両接触<br>落下物接触<br>衝突 | 追突<br>施設乗越<br>その他 | |
| 工事 | 一般工事<br>全止工事<br>移動作業 | 補修工事<br>集中工事<br>その他 | 緊急工事<br>一般道工事 | 改良工事<br>清掃作業 | |
| 異常気象 | 強風 | 濃霧 | 大雨 | その他 | |
| 故障車 | エンジン<br>冷却系統<br>クラッチ | ガス欠<br>ギヤ<br>その他 | パンク<br>ブレーキ | 電気系統<br>アクセル | |
| 落下物 | 散乱物<br>水溜り | 障害物<br>その他 | 落下物 | オイル漏れ | |
| 災害<br>（非常事態） | 災害<br>冠水 | 地震<br>その他 | 道路倒壊 | 道路損傷 | |
| 火災 | 路面火災<br>中央分離帯火災 | 路肩火災 | 沿道火災<br>その他 | | 車両火災を除く<br>（事故） |
| 見物<br>（渋滞） | 対事故<br>対工事 | 対故障車<br>その他 | 対災害 | 対障害物 | |
| 特殊 | VIP警護 | 催し物 | その他 | | |

の少ない導入方法と考える。

図2-16は、渋滞情報を自動で作成する基本的な方法であり、道路上の車線ごとに、約1kmピッチで設置された車両感知器の1分間交通データ（Q、V、Occ）を車両感知器サブシステムから収集し、そのデータを基に段階的に渋滞情報を作成する。また図2-17は、車両感知器ヘッドの配置と車線・地点・区間のデータ定義を図示したものである。

① 1分間交通データの異常データチェック

車両感知器サブシステムからオンラインで収集した1分間交通データの異常データをチェックする。地点間チェックについては、地点間が1kmであることを考慮し、チェックが有効であるかどうか運用しながら決定する。

② 1分間交通データのバックアップ処理

異常と判定された1分間地点交通データに関して、実交通流と計測データとの差異を最小限にするため、データのバックアップ処理を行い、データの補完

## 第2編　道路交通システムの情報収集・提供システム

```
車両感知器サブシステムから
    （1分間交通データ）
         ↓
①1分間交通データの異常値チェック
         ↓
②1分間交通データのバックアップ
         ↓
③車線交通デーのタ作成
         ↓
④地点交通データの作成
         ↓
⑤区間交通データの作成       （地点データ＝区間データ）
         ↓
⑥区間交通データのバックアップ
         ↓
⑦区間渋滞度判定
         ↓
⑧渋滞連続性判定
         ↓                     渋滞表示（監視情報）
登録事象 ·······→  ⑨渋滞要因判定と渋滞事象作成   ・交通管制マンマシン
                         ↓                   ・大型表示装置
                  提供事象情報の作成
                  ・情報提供サブシステム
                  ・他機関システム
```

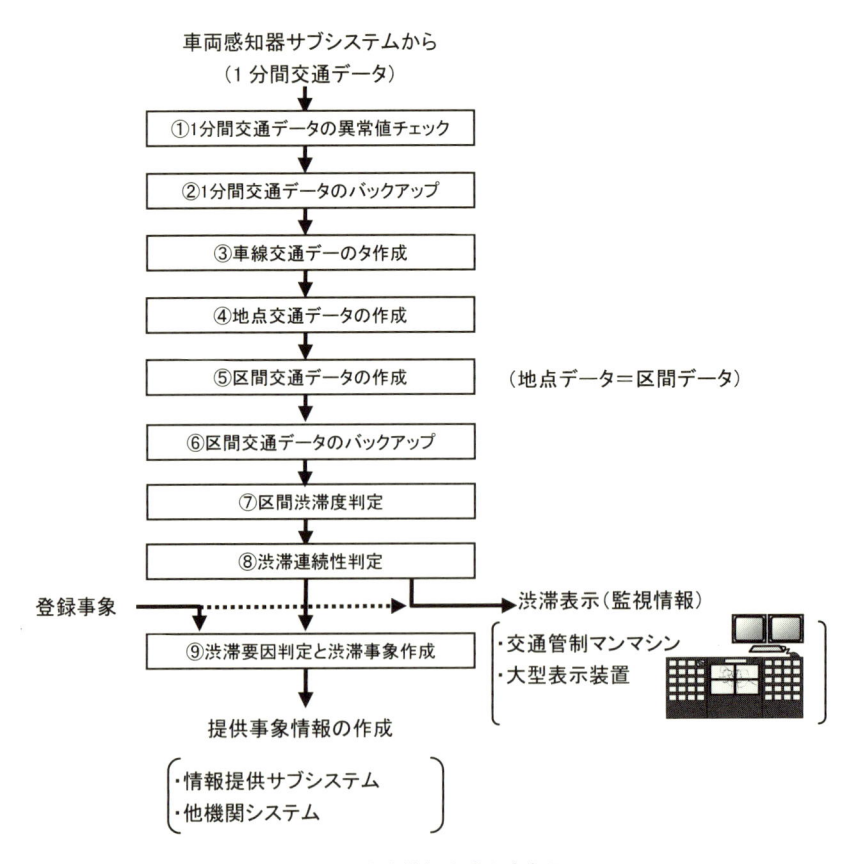

**図2-16　渋滞情報作成と事象化**

を行う。また、感知器の設置間隔が 1km であることを考慮し、バックアップが有効であるかどうか、運用しながら決定する。バックアップの対象は、Q、V、Occ と、V-Occ 相関による速度(V)である。

③　車線交通データの作成

1分間交通データから車線ごとの1分間交通データ（Q、V、Occ）を作成する。このときデータのバタツキを抑え提供する情報を安定させる処理を行う。

④　地点交通データの作成

車線をまとめて、その地点交通データを作成する。それらデータは　以下の

- 72 -

第 3 章　中央処理システムの機能

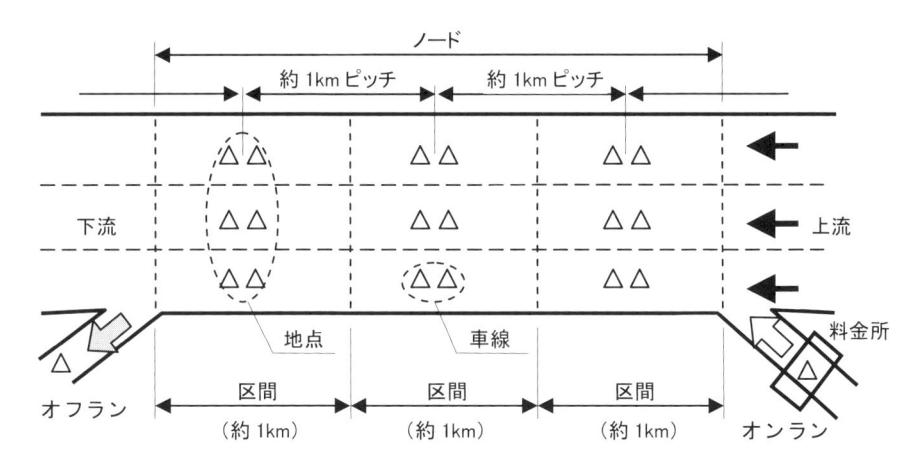

図 2-17　車両感知器ヘッド配置と車線・地点・区間のデータ定義

方法で作成する。
- 交通量（Q）の算出は、車線交通量の合計
- 速度（V）の算出は、車線交通量と車線速度の調和平均
- オキュパンシ（Occ）の算出は、車線オキュパンシの算術平均（単純平均）
- 密度データの算出は、区間交通量及び速度から区間密度を算出

⑤　区間交通データの作成

約 1km ピッチで区切られた区間内に 1 地点の車両感知器が存在するため、本仕様では、区間交通データ＝地点交通データとする。

⑥　区間交通データのバックアップ処理
- 区間交通データのバックアップは道路線形を考慮して、上流区間、下流区間、オンオフランプの交通量から行う。
- 区間速度データのバックアップは道路線形を考慮して、上流区間、下流区間の速度から行い、算出最終段として V-Occ 相関からもバックアップを行う。
- 区間オキュパンシデータのバックアップは路線形を考慮して、上流区間、下流区間のオキュパンシから行う。
- 区間密度は、バックアップされた区間交通量と速度から算出。

第 2 編　道路交通システムの情報収集・提供システム

　バックアップについては交通流の変動が少ないようにノード間に限定することが望ましく、また、区間の間隔が 1km であることを考慮し、バックアップが有効であるかどうかを含めて、詳細の段階で検討もしくは運用しながら決定する必要がある。

⑦　区間渋滞度判定

　表示または提供のための区間渋滞度を、区間交通データの Q、V、Occ から判定する。判定には、区間ごとに指定されるオキュパンシ渋滞判定値、オキュパンシ自由流判定値、渋滞判定最小交通量、速度判定値の基準値（定数）を設けて、その基準値で渋滞度を判定する。(この基準値は変更を可能とする)

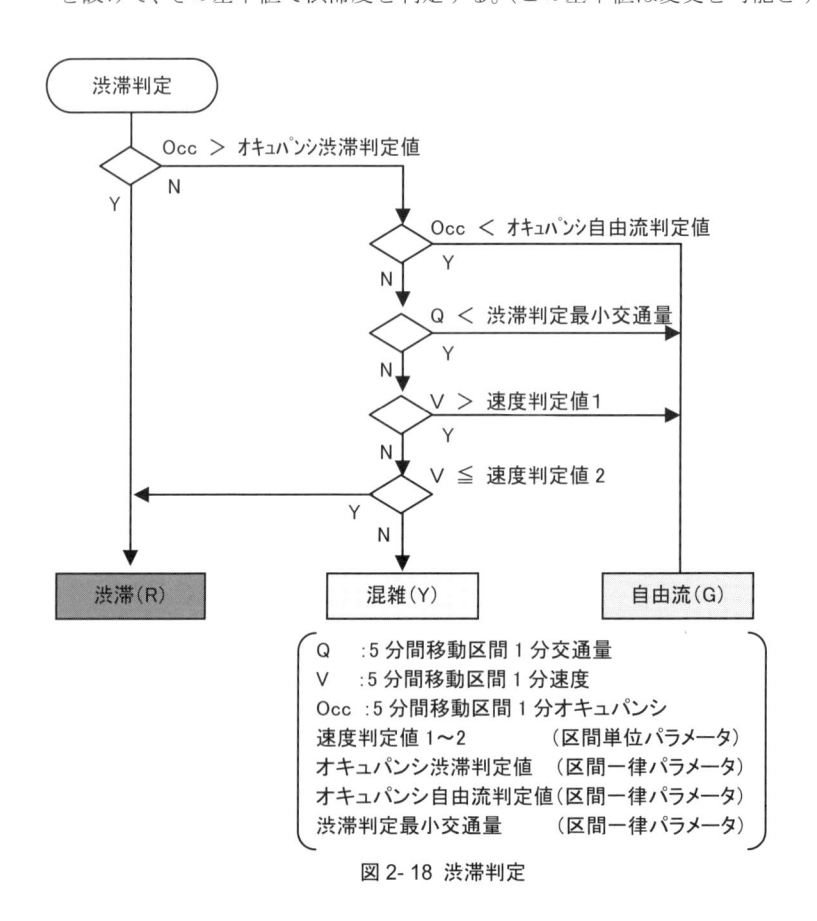

```
渋滞判定
  │
  ▼
Occ > オキュパンシ渋滞判定値
  Y│ N
   │  └──▶ Occ < オキュパンシ自由流判定値
   │           Y│ N
   │            │  └──▶ Q < 渋滞判定最小交通量
   │            │           Y│ N
   │            │            │  └──▶ V > 速度判定値1
   │            │            │           Y│ N
   │            │            │            │  └──▶ V ≦ 速度判定値2
   │            │            │            │           Y│ N
   ▼            ▼            ▼            ▼
  渋滞(R)      混雑(Y)                    自由流(G)
```

Q　　：5 分間移動区間 1 分交通量
V　　：5 分間移動区間 1 分速度
Occ ：5 分間移動区間 1 分オキュパンシ
速度判定値 1〜2　　　　　　（区間単位パラメータ）
オキュパンシ渋滞判定値　　（区間一律パラメータ）
オキュパンシ自由流判定値　（区間一律パラメータ）
渋滞判定最小交通量　　　　（区間一律パラメータ）

図 2-18　渋滞判定

判定結果は、自由流（G：グリーン）、混雑（Y：イエロー）、渋滞（R：レッド）の3段階に分類する。通行止等が発生した区間については自由流扱いとし、区間渋滞度が判定できなかった場合は、欠測とし、場合によっては交通管制マンマシンから手動で渋滞度の介入を出来るようにする。図 2-18 に渋滞判定フローを示す。

⑧ 渋滞連続性判定

区間の連続性を考慮して、図 2-19 に示すように、渋滞区間に挟まれた非渋滞区間を渋滞とする判定を行う。

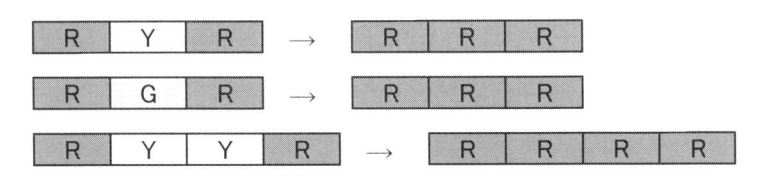

| R | Y | R | → | R | R | R |
| R | G | R | → | R | R | R |
| R | Y | Y | R | → | R | R | R | R |

図 2-19 渋滞連続性判定（例）

判定条件は、R（渋滞）に挟まれた非渋滞区間を渋滞とする。また、渋滞の先頭に事故・故障車・道路障害物（落下物）等が存在する場合は、一時的に渋滞（R）として渋滞の連続判定を行う。将来的には、渋滞が断続的に発生する断続的渋滞の判定も、渋滞の連続性判定として必要になる場合があり、運用後、様々なデータを検証しながらロジックの再検討を行う。

⑨ 渋滞要因判定と渋滞事象の作成

渋滞要因の判定は、交通管制マンマシンによって登録された登録事象（事故、工事等）によって与えられ、渋滞の先頭が事故であれば「事故渋滞」、工事であれば「工事渋滞」、何も無ければ「自然渋滞」等となり、この時点で渋滞事象が作成される。なお、交通管制マンマシンから入力された各登録事象には優先度があり、例えば事故と工事が重なった場合は、事故が優先され「事故渋滞」となる。また、自然渋滞列の中間で事故が起こったような場合は、その登録事象を先頭にした場合の事故渋滞と、下流の自然渋滞に分けて判定する。

ここで作成された要因＋渋滞を登録事象とする。

(3) 所要時間の作成

所要時間は渋滞と同様に交通状況を把握するための重要な指標となる。例え

ば、A 地点から B 地点まで移動するのに掛かる時間を想定した場合は、経験値からおおよその時間を頭の中で計算し、途中に渋滞等があれば、その遅延時間を考慮して算出する。

ここで作成した所要時間は、表 2-14 に示す提供情報のための事象優先度とは別扱いとし、当面は管制員のための交通状況指標として交通管制マンマシン用に表示する。

表 2- 14 提供情報の事象優先度(例)

| 事象優先度 | 提供事象 | 提供項目(例) | 提供範囲 |
| --- | --- | --- | --- |
| 1 | 交通調整 | ・オンランプ閉鎖(現在)<br>・オンランプ閉鎖(予定) | ・オンランプ<br>・集約料金所上流 |
| 2 | 非常事態 | ・災害<br>・地震 | ・全線 |
| 3 | 通行止<br>(本線) | ・通行止(本線)<br>・通行止(オフランプ)<br>・強制流出 | ・提供位置の OD 優先度による |
| 4 | 強制介入 | ・強制介入 | ・直近上流提供位置 |
| 7 | 渋滞情報 | ・自然渋滞<br>・要因付渋滞 | ・提供位置の OD 優先度による |
| 8 | 異常事態<br>／注意情報 | ・異常事態注意情報 | ・提供位置の OD 優先度による |
| 10 | 一般介入 | ・一般介入 | ・直近上流提供位置 |
| 11 | 予定工事 | ・工事予定 | ・提供位置の OD 優先度による |

強制介入：文字情報板単位の介入でマンマシンより直接介入する情報(介入レベル高)
一般介入：文字情報板単位の介入でマンマシンより直接介入する情報(介入レベル低)

(4) 交通流異常事象の作成

交通流異常検出サブシステムに入力される突発的な異常事象を、交通流異常事象として自動登録する。その後、管制員に対して、交通管制マンマシンを介して注意喚起を促す。管制員は、CCTV 映像等により、交通異常の状況を確認し、事象の具体的形態（衝突事故等）を入力する。

(5) 気象情報の作成

気象計測サブシステムから収集される風向・風速や雨量等の情報を大型表示装置に表示する。

## (6) 提供事象の作成

提供事象は、各提供メディアから提供される情報の整合性を図るため、中央処理システムにおいて一元的に管理する必要がある情報である。また、提供事象は、各提供メディア（道路情報板、インターネット等）を意識した情報であり、特に道路情報板は、道路上の個々の設置位置に合致した情報とする必要がある。

表 2-15 は事象定義を示したものであり、提供事象は登録事象と渋滞事象、及び所要時間事象（オプション）から作成されるものである。

道路情報板は、ハード的（表示文字数等）に限界があるため、発生している全事象を提供することはできない。そのため提供事象には優先度をつけて提供する。

優先度には、表 2-14 に示すように提供事象（事故、工事等）のために付与された事象優先度と、図 2-20 に示すように OD（Origin-Destination）によって決められた OD 優先度がある。それぞれ優先度の高い提供事象が優先的に提供される。

表 2-15 事象の定義

| 事象名称 | | 事象の定義 |
|---|---|---|
| 手動作成 | 発生事象 | 道路上で発生した様々な障害(事故、工事、異常気象、故障車等) |
| | 登録事象 | 発生事象を交通管制マンマシンから入力し登録した事象<br>例えば、事故の場合は、発生事象の発生日時、登録日時、終了日時（解除予定日時）、発生位置、規制範囲、当事者、対象物、形態、被害状況、処理状況、通行止設定範囲、閉鎖車線、関連事象（交通調整との関連）、非常電話との関連付けなどを、交通管制マンマシンから入力し登録事象として登録する。 |
| 自動作成 | 渋滞事象 | 渋滞情報作成ロジックから自動で作成された情報 |
| | （所要時間事象） | （所要時間作成ロジックから自動で作成された情報） |
| 提供事象 | | 各提供メディアに対する提供情報であり、特に道路上に設置してある提供メディアの個々に対して、設置位置を考慮した提供情報 |

## (7) 提供周期

図 2-21 に示すように情報収集と情報処理は、将来性を考慮して 1 分周期と

するが、交通管制マンマシンや大型表示装置への表示、道路情報板、インターネットへの提供周期については、情報の整合性を考慮して5分周期とする。提供情報は最新情報とするため直近の1分情報から作成する。（表2-7も参照）

(8) **大型車混入率作成**

車両感知器サブシステムで作成された大型車台数を集計し、5分単位の大型車混入率を作成する。

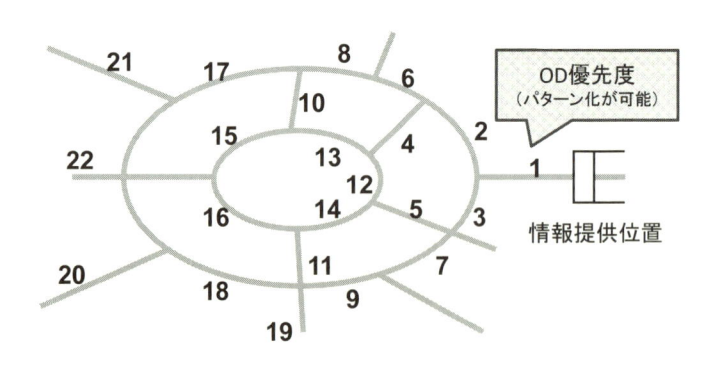

図 2- 20 OD 優先度(例)

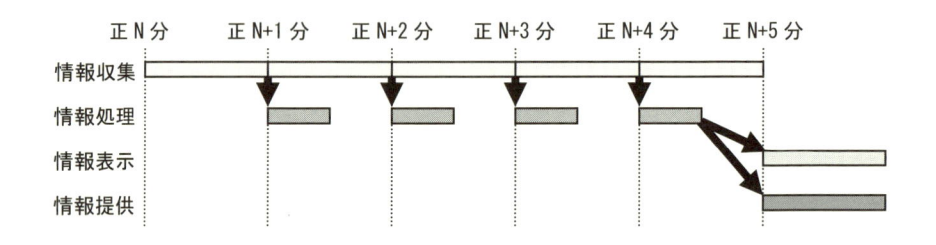

図 2- 21 提供周期

## 2. 交通制御のためのロジック

### （1）交通調整

道路の許容量を超えた時点で（または超える前に）、道路の安全と円滑化を図るために交通調整機能を設ける。

交通調整を行うタイミングは、高速道路上に渋滞が発生し、交通流の円滑性が妨げられる場合や事故等の原因による場合がある。交通調整を行わなければならない事態が生じた場合、発生地点に関わるオンランプを閉鎖したり、集約料金所ブース数を制限し、高速道路への流入を調整する。

交通調整の実施方法は、交通管制マンマシンやCCTV等で表示される交通状況（渋滞や事故等）を管制員が監視し、警察と協議を行いながら、手動で単位時間（例：30分）ごとに調整を行う方法とする。解除についても同様の考え方で対応する。

交通調整の基本的な目的は、適正交通量の確保であり、重要区間の円滑な交通流の確保にある。導入当初は管制員の判断に委ねるところが大きいが、実施された交通調整を蓄積しパターン化することで、過去の交通調整パターンを呼出し、参考として交通調整を実施できるようにする。

交通調整手段としては、集約料金所またはオンランプ料金所における流入制限（料金所ブースの調整）とオンランプの閉鎖がある。一般的には高速道路の本線上にある集約料金所での交通調整は効果が大きく、一般オンランプの料金所での交通調整の効果は少ない。実施方法は、サブセンターの管制員から電話（またはFAX）で料金所の職員に対してゲートの開閉制御の依頼を行い実施する。

### （2）交通規制

交通規制には、速度規制、車線規制、通行止等があり、各登録イベントに付属するものであり、各登録イベントの消滅とともに交通規制も解除される。交通規制には、例えば、大雨または強風による速度規制、事故や工事による車線規制、大事故やVIPによる通行止などがある。交通規制の実施には警察の判断が必要となる。

## 3. データベース

### (1) リアルタイム情報

表 2-16 に、リアルタイムに収集及び作成した情報のデータベース例を示す。

表 2-16 リアルタイム情報（例）

| リアルタイム<br>情報名称 | リアルタイム情報概要 | 備考 |
| --- | --- | --- |
| 1分間交通データ | Q、V、Occ、大型車 Q | ヘッド単位 |
| 車線データ | Q、V、Occ、大型車 Q | |
| 地点データ | Q、V、Occ、大型車 Q | |
| 区間データ | Q、V、Occ、大型車 Q、区間密度、区間存在台数 | |
| 区間渋滞度 | R、Y、G | |
| 渋滞事象 | 連続渋滞（要因付） | |
| 所要時間事象 | 区間所要時間、ノード間所要時間 | |
| 異常事象 | カメラ番号、地点番号、検出車線、警報種別 | |
| 非常電話発信位置 | 時刻、線番、方向、位置、受信内容等 | |
| 発生事象<br>／登録事象 | 事故、工事、異常気象、故障車、落下物、災害（非常事態）、火災、見物(渋滞)、特殊等 | |
| 非常事態事象 | 災害、地震、道路倒壊、道路損傷、冠水 | |

### (2) 統計情報

日報（表 2-17）、月報（表 2-18）、年報（表 2-19）の統計情報としてのデータベース例を示す。

表 2-17 日報（例）

| 日報名称 | 日報項目概要 | 備考 |
|---|---|---|
| 渋滞日報 | 全渋滞、区間渋滞、形態別渋滞（自然渋滞、事故渋滞等）、突発的渋滞等 | |
| 所要時間記録日報 | 区間所要時間、ノード間所要時間等<br>OD情報（将来） | |
| 非常事態記録日報 | 災害、地震、道路倒壊、道路損傷、冠水等 | |
| 登録（発生）事象記録日報 | 事故、工事、異常気象、故障車、落下物、災害（非常事態）、火災、見物（渋滞）、特殊等 | |
| 交通調整記録日報 | オンランプ調整／閉鎖、集約料金所調整等 | |
| その他 | 非常電話着信、マンマシン操作ログ等 | |

表 2-18 月報（例）

| 月報名称 | 月報項目概要 | 備考 |
|---|---|---|
| 全渋滞記録月報 | 渋滞発生回数、渋滞時間、渋滞距離等 | 延べ、平均、形態別 |
| 全所要時間月報 | 所要時間、ノード間所要時間 | 延べ、平均 |
| 非常事態記録月報 | 災害、地震、道路倒壊、道路損傷、冠水 | |
| 登録（発生）事象記録月報 | 事故、工事、異常気象、故障車、落下物、災害（非常事態）、火災、見物（渋滞）、特殊等 | |
| 交通調整記録月報 | オンランプ調整／閉鎖、集約料金所調整 | |
| その他 | 非常電話着信 | |

表 2-19 年報（例）

| 年報名称 | 年報項目概要 | 備考 |
|---|---|---|
| 全渋滞記録年報 | 渋滞発生回数、渋滞時間、渋滞距離等 | 延べ、平均、形態別 |
| 全所要時間年報 | 所要時間、ノード間所要時間 | 延べ、平均 |
| 非常事態記録年報 | 災害、地震、道路倒壊、道路損傷、冠水 | |
| 登録（発生）事象記録年報 | 事故、工事、異常気象、故障車、落下物、災害（非常事態）、火災、見物（渋滞）、特殊等 | |
| 交通調整記録年報 | オンランプ調整／閉鎖、集約料金所調整 | |
| その他 | 非常電話着信 | |

(3) 交通データ解析情報

表 2-20 に交通データ解析情報としてのデータベース例を示す。

表 2-20 交通データ解析情報（例）

| データ解析名称 | 交通データ解析概要 | 備考 |
|---|---|---|
| 交通量・速度の時間変動 | 地点及び車線の Q、V 時間変動 | |
| 現象相関分析 | 地点及び車線の Q-V、Q-K、K-V、V-Occ の相関 | |
| 大型車混入率 | 路線別主要地点の時間帯別大型車混入率算出 | |

(4) 料金収受システム管理情報

表 2-21 に料金収受システム管理情報としてのデータベース例を示す。

表 2-21 道路管理参考情報（例）

| 管理データ名称 | 管理データ概要 | 備考 |
|---|---|---|
| 区間入出力交通データ(1 時間) | オンランプ流入交通量、(オンランプ直近本線上断面交通量)、オフランプ流出交通量、(オフランプ直近本線上断面交通量)、オン・オフランプ中間地点断面交通量 | （　）はその地点が存在する場合 |
| 区間入出力交通データ(24 時間) | 同上　24 時間集計データ | |

### ＊＊＊　自分で考える　＊＊＊

　原子力発電所事故後の報道の偏りにはあきれた。

　2012の春に本屋さんに並んでいたいくつかの本、それらは、マスコミがこぞってあげている反原発ののろしに対する反論または注意喚起に関するものであった。それらが、数か月もしないうちに全く本屋から消えた。

　想像するに、反原発運動家の抗議に対して本屋さんが屈したのであろう。

　放射線というものが、どこまで危険なのか、一度は自分で本を読んで確かめたらいいようなものだが、新聞にこう書いているとか、TVでこう言っていたというように鵜呑みにする人が多いのにはびっくりする。

　少なくとも、技術屋、または知識人（この言葉は死語かな）と思われる方は、自分でまず調べたらどうだろう。

　マスコミ報道の偏りぶりは、みんな知っているようなものだが、日本国民は、マスコミに全面的に依存している。その姿勢は、親方日の丸の姿勢につながる。不都合があると、自治体や国の責任を問うように変わってきた。

　いくら情報を得ても、自分で考え知恵を働かせないと、本を積んだロバみたいなもの。自分の人生に責任を持つ気概のある人、知恵を働かせて、発言していこう。本屋から一時消えた本とは

「反原発」の不都合な真実　　　藤沢数奇　新潮新書
１ミリシーベルトの呪縛　　　　森谷正規　エネルギーフォーラム新書
原発は明るい未来の道筋をつくる！　渡部昇一　WAC

# 第4章
# VICS

　前章は、交通情報を提供する基本的システムについて述べた。本章は、VICS (Vehicle Information and Communication System) について述べる。
　従来のシステムでは、交通情報は路側に設置された可変情報板 (VMS) 等に表示されたが、1996年からスタートしたVICSではカーナビに情報が表示される。GPSの利用とカーナビ技術の発展によって、このサービスが可能となった。

## 1. 従来のシステム

　従来三つのレベルで、情報が提供されていた。
(1) 日本道路交通情報センター
　　電話での案内やラジオによる全国レベルのサービス
(2) 道路管理者
　　（高速道路）
　　　可変情報板と簡略型図形情報板による提供、1,620kHz ラジオ放送、電話応答
　　（一般道路）
　　　1,620kHz 放送
(3) 公安委員会（県警）
　　可変情報板による提供、1,620kHz ラジオ放送

　図 2-22 は、システムアーキテクチャの検討でよく使われるソーセージダイヤグラムといわれているものである。通信メディアの区別をソーセージに示し、交通管制センターから、路側機器へそして車への情報の流れを示したものである。
　路側機器での情報提供には、文字情報板や図形情報板がある。VICS 以前は、

第 4 章　VICS

これがメインの情報提供手段であった。また、1,620kHz の路側からの漏洩電波を使ったカーラジオからの情報提供もあった。さらには、出発前に見るインターネットを利用した情報や、電話での音声案内情報の提供もあった。

現在は、それらの機器に加え、VICS 情報、つまりはカーナビ（画面上）に提供される情報がある。

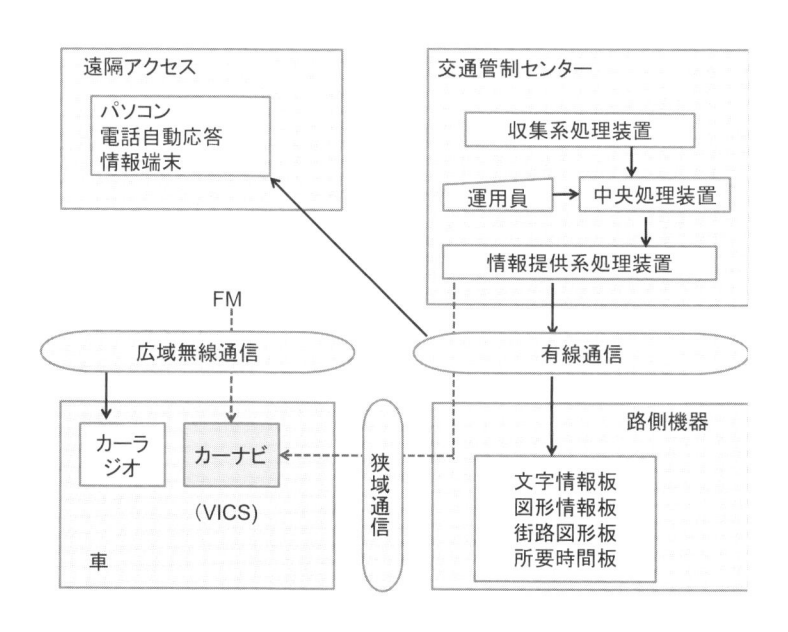

図 2- 22　従来のシステムとカーナビ（VICS）


## 2. VICS の概要[*8]

### （1）　目的

VICS は、正確な情報の提供とスムースな交通環境の提供により、運転がよりやさしく、走行時間短縮によるコスト削減、さらには安全性の改善を狙うものである。

世界共通の課題である交通混雑の削減、その実現は交通事故を減らし、道路

環境を改善するものである。このような交通環境では、運転者が最短時間ルートの選択や最も経済的なルート選択をすることを可能とする。それにより、交通はスムースに分配され、安全と交通流をさらに改善していくことになる。また、このシステムは、運転者に道路をより親しみやすくすることも期待している。

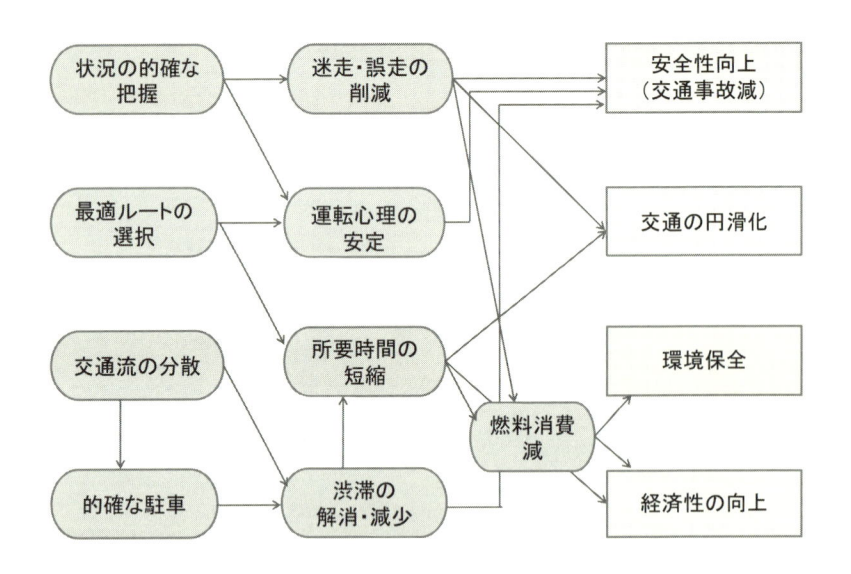

図 2-23 VICS 情報提供による効果[*8]

(2) VICS サービスとは
リアルタイムの渋滞情報や旅行時間情報は、路上のビーコンを通してカーナビに図とテキストの形で送られる。また、FM 多重放送による方法もあり、この場合の情報は、より広域をカバーする。

(3) VICS のしくみ
日本道路交通情報センターは、道路管理者および公安委員会より、道路交通情報を収集している。それらのデータを受け取るとともに駐車情報等を VICS センターに収集している。

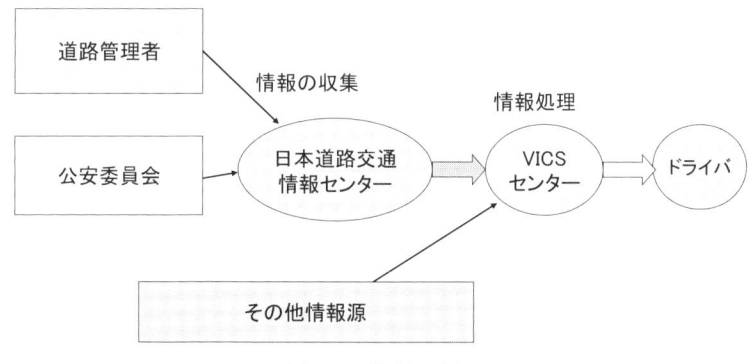

図 2-24 情報の流れ

(4) VICS センターの機能

VICS センターは、集めた情報が様々なカーナビに使えるようにデータ処理をしている。

図 2-25 にあるように、道路管理者における情報提供区間の考え方は、公安委員会のような交差点間を基準にしたものとは異なる。都市内と都市間でもその区間の考え方は異なる。

そのため、道路に即した VICS リンク（情報提供区間）を決め、その番号を付与し、この VICS リンクに各管理者の情報を関連付けしている。

図 2-26 にあるように、交通管制センターは、道路管理者や公安委員会ごとに数多くある。VICS 開始以前は、それぞれのセンターを中心に交通情報提供システムが完結していた。

一つの車載器が、いくつかの高速道路、異なった県を通過するときに問題がないようにする必要がある。つまり、複数のセンター情報は同じフォーマットでなければならない。

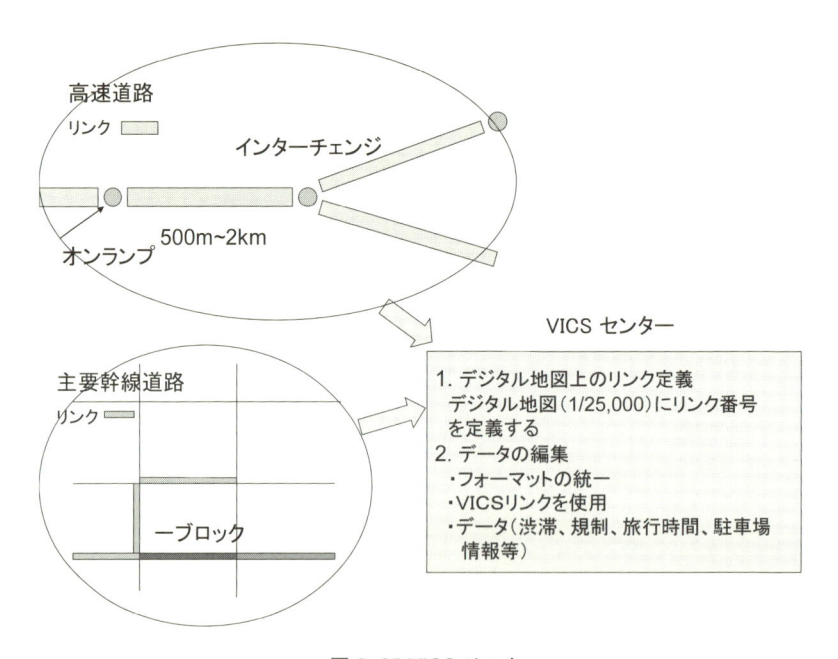

第2編　道路交通システムの情報収集・提供システム

図 2-25 VICS リンク

（5）　情報の提供

　この情報提供サービスは、カーナビ（車載器）を持つ車はどれでも、受けられる。次に示す手段によって、24時間、情報を入手できる。

（a）電波ビーコン（高速道路他）

　　　　　　　　　　　　　電波を媒体とした通信エリアが極小ゾーンとなるビーコンによる方法。

第 4 章　VICS

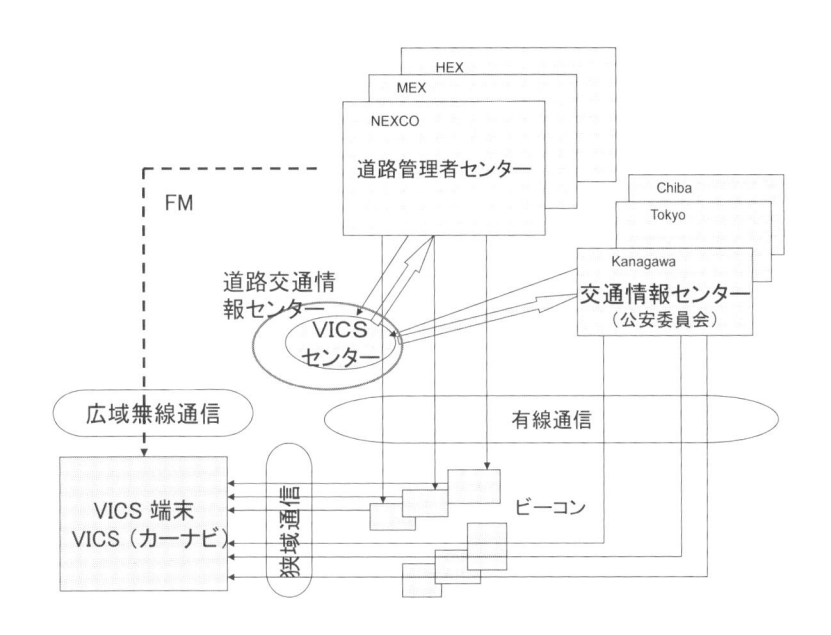

図 2- 26 VICS の全体像

（b）光ビーコン（主要幹線道路）

　光を媒体とした通信エリアが極小ゾーンとなるビーコンによる方法。

（c）FM 多重放送

　FM 放送波を利用する FM 多重技術を用い、通信エリアが広域となる放送方法で放送事業者が設置したアンテナを借用する方法。

第２編　道路交通システムの情報収集・提供システム

### （6）情報表示の三つレベル

VICSは、3種類の情報提供レベルを持っている。レベル1はテキストの表示であり、レベル2は簡易図形の表示である。レベル3は、図2-27に示すような地図表示である。

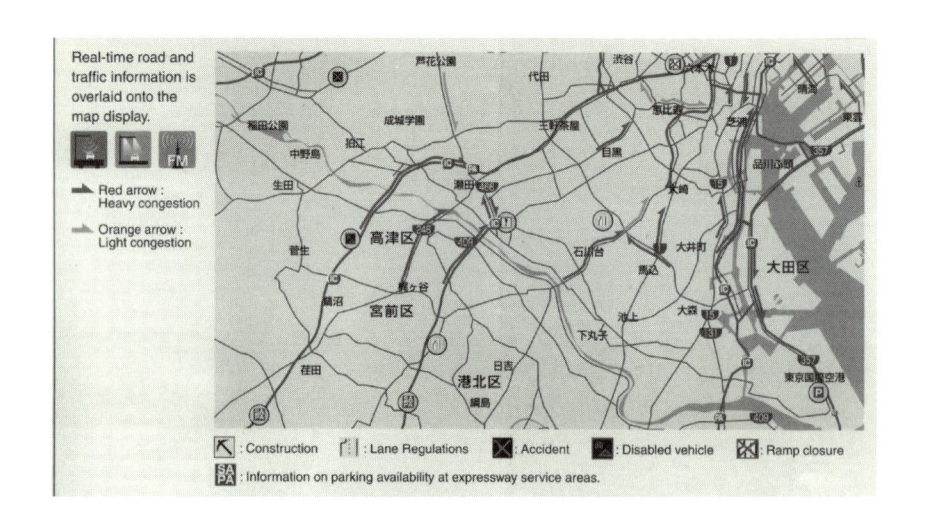

図2-27　地図への表示

車載器のディスプレイの地図表示画面に、渋滞情報等を重ね書きする例である。走行地点と渋滞箇所が一目でわかるので、刻々と変化する道路交通状況に合わせ、最短の旅行時間あるいは渋滞を避けたコース選択が可能となる。

## 3. 次世代道路サービス[*9]

前項までに紹介したVICSは1996年にスタートした。次世代VICSの検討は2005年より開始し、2006年3月に報告書にまとめられた。そして2010年度には新たな路側機器が整備され、2011年度よりサービスが開始された。本節はこの次世代道路サービスの概要を紹介するものである。

## 第4章　VICS

### (1) 目的

カーナビ、VICS、ETC など、これまでは個々の車載器で提供されていたサービスを一つの車載器で提供できるようにし、さらに、これらに加え次世代道路サービスを提供することにある。

VICS の運用の 10 年間には、様々な技術進展があった。デジタル地図技術や GPS 技術はカーナビの大きな展開を可能にした。VICS も 1,500 万台以上（平成 17 年度累計）、ETC は 1,100 万台以上（平成 17 年度末）に至った。それぞれが、独自の商品として展開したため、車載器の数が 2 から 3 となり課題になってきた。

次世代道路サービスを実現するシステムは、「路側機器」、「車載器」から構成され、その間の通信によって実現される。この路車間通信のベースとなるのが、ETC で国際標準化された 5.8GHz の DSRC である。高速・大容量での双方向通信を可能にし、多様なサービスを実現しうる。図 2-28 は、この 5.8GHzDSRC 通信の特徴とそれによってどのようなことが可能となるか示したものである。

### (2) 具体的サービス[*10]

道路上における情報提供、道の駅等情報接続、駐車場決済の三つのサービスを実現する。

#### (a) 道路上における情報提供サービス

「道路上における情報提供サービス」は、道路上において 5.8GHzDSRC により安全運転支援情報や道路交通情報等を提供するものである。また、利用者のニーズや安全運転支援の観点から音声、画像等による情報の提供も行う。なお、安全運転支援に係わる情報等については他のサービスに優先して提供できるものとする。

対象とする車両は、高速道路の走行を想定し、概ね 100km/h 程度の速度で走行中の車両に対してサービスを提供できるものとする。

また、走行中の車両の ID 情報や走行履歴、車両挙動、運転状況等の情報を収集し、高精度な道路交通情報や各種サービスに活用する。

#### (b) インターネット接続サービス

周辺の道路交通情報や地域・観光情報などを駐車中の車内で受信できるようになり、ドライバの利便性向上や地域活性化につなげることが可能になる。

(c) 料金決済サービス

駐車場等で、キャッシュレス料金決済が導入され、ゲート前で料金を支払う煩わしさがなく、スムーズに通過できるようになる。

```
5.8GHzDSRCの特徴
 ・ETCのDSRCと同周波数
 ・高速・大容量通信(停車中の通信速度はブロードバンドクラスの4Mbit/s)
 ・アクティブ方式による双方向通信
```

↓

```
実現しうる機能
 ・周波数の有効利用
 ・静止画・音声データを一緒に走行車へ送信可能
 ・インターネット接続が可能
 ・車両と双方向通信でプローブデータの収集・活用が可能
 ・セキュリティプラットフォームにより信頼性を実現
```

図2-28 5.8GHzDSRCによる機能

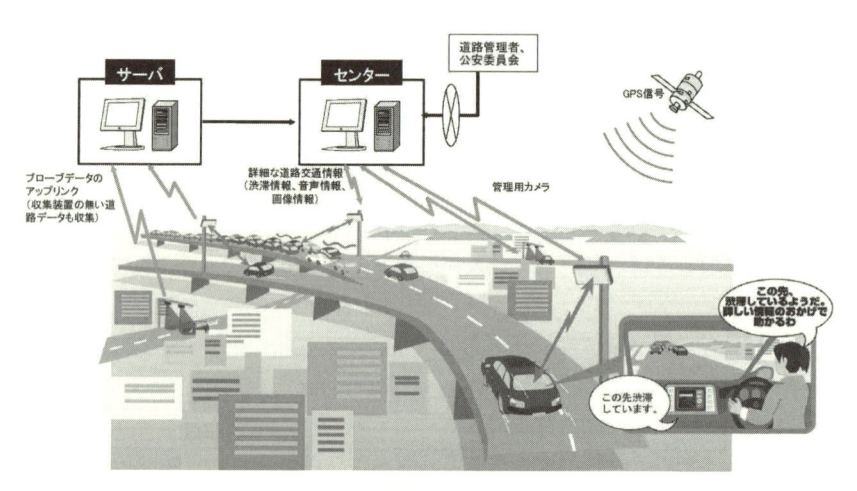

図2-29 情報提供サービス

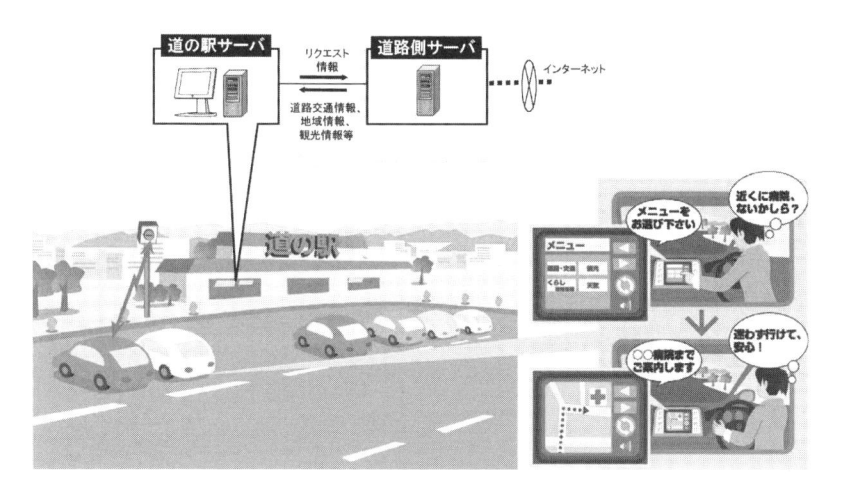

図 2-30 インターネット接続サービス

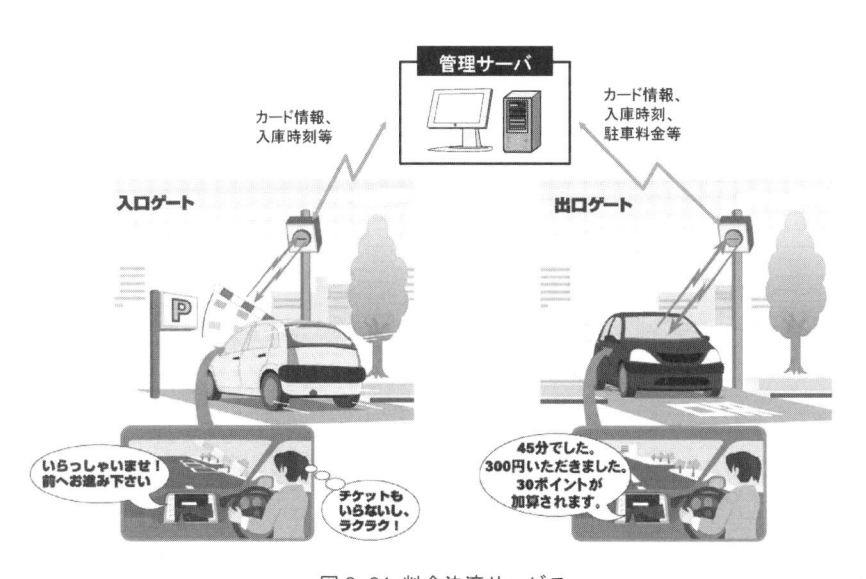

図 2-31 料金決済サービス

## (3) ITS 車載器

ITS 車載器（次世代の車載器の呼称）は、普及する ETC や VICS 等の他、DSRC システムの路側機による音声・画像を用いた情報提供やインターネット接続、光ビーコンによる情報提供など多様なメディア・サービスに対応する。

図 2-32 に示すように機能的には、DSRC 部とカーナビ部に分けられる。

ITS 車載器によって、今後さらに複数のメディアによるサービス提供が想定されるため、図 2-33 に示すようにメディアフリーの通信機能を付け加えられるように検討された。

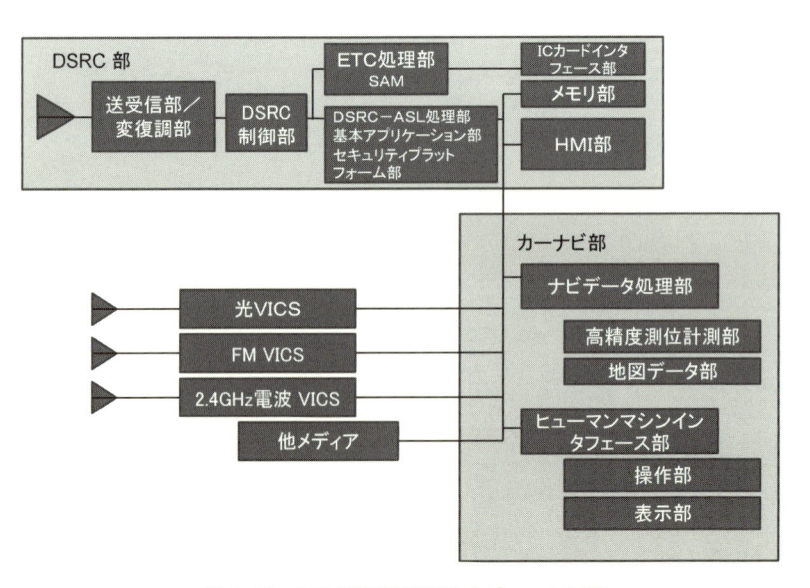

図 2-32 ITS 車載器機能構成ブロック図例

第4章　VICS

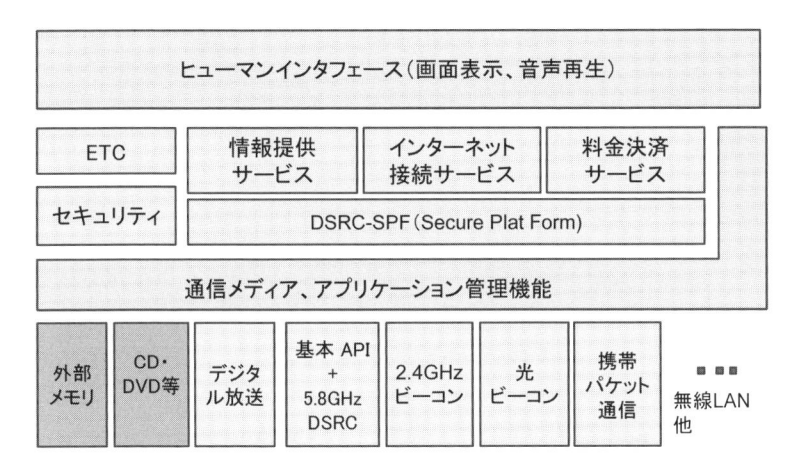

図2-33 マルチメディア対応を想定したITS車載器機能構成例

## （4）プローブ情報

次世代道路情報システムでは、ITS車載器で保持している情報（車両ID情報、走行履歴情報、リアルタイム車両情報など）を、道路上に設置したDSRC路側無線装置により、本線を走行中の車両から収集し、その情報を中央システム側に送信する機能が検討された。

収集される情報項目（案）[*10]は表2-22のとおりである。

表2-22 収集される情報項目

| アプリケーション<br>例；収集 | 情報項目 | 情報項目内容 |
|---|---|---|
| 車両ID情報 | 車両ID情報 | 匿名性のあるID |
| 時刻・位置情報 | 車種情報 | 車種コード |
| | 前ビーコン通過日時 | 前ビーコン番号、通過日時 |
| | 走行履歴情報 | 時刻、位置（緯度経度）、測位条件、測位状態、道路種別、圧縮方式識別番号等 |
| | 車載機器情報 | 製造者ID、型番、ソフト版数、等 |
| 地点速度・方位・加速度・角速度情報 | 車両挙動履歴情報<br>（カーナビ） | 時刻、位置、加速度、角速度等の事象発生履歴 |

第2編　道路交通システムの情報収集・提供システム

| 車両制御情報 | 車両挙動履歴情報（ECU） | 時刻、位置、ABS、トラクションコントロール、ワイパー等の事象発生履歴 |
|---|---|---|
|  | リアルタイム車両情報 | 速度、加速度、ブレーキ、アクセル等の車両挙動の瞬時情報（車路車間通信に利用） |
| 運行情報 | 車両管理情報 | 車両の管理番号、特車やバス等の車両種別、特車やバス等の付属情報 |
|  | 車両情報 | ナンバー、車両サイズ、重量などの情報 |
|  | 付属情報 | デジタコ情報、詳細走行履歴、など |

　なお、実際にITS車載器に蓄積される情報項目は、以下のような考え方で基本部と拡張部とに分類される。
　　基本部：早期実現可能と考えられる項目。一般車両・業務用車両を想定
　　拡張部：将来実現、業務用と考えられる項目。業務用は業務用車両のみを想定
　基本部・拡張部の内容（案）を表2-23に示す。

表2-23　基本部・拡張部での情報

| 分類 | 情報項目例 | 記事 |
|---|---|---|
| 基本部 | 車両ID情報<br>車種情報<br>前ビーコン通過日時<br>走行履歴情報<br>車載機器情報<br>車両挙動履歴情報（カーナビ） | 早期実現が可能<br>（一般車両、業務用車両を想定） |
| 拡張部 | 車両挙動履歴情報（ECU）<br>リアルタイム車両情報 | 将来<br>（一般車両、業務用車両を想定） |
|  | 車両管理情報<br>車両情報<br>付属情報 | 業務用＊<br>（業務用車両のみを想定） |

＊プライバシーの問題があり、一般車両に対して利用する場合は個別契約などが必要。

## 参考文献

＊1 Reducing Disaster RISK: A Challenge For Development, United Nations Development Program, Washington, D.C. 2 February 2004
＊2 Ko ITO, etc : A New Design of a Tunnel Supervision and Control System, Safety in Road and Tunnels, Fifth International Conference, Marseille, France 6-10 Oct.2003
＊3 伊藤　功他　高速道路の交通管制システムの高度化に関する検討　ITS-04-26 ITS 研究会　一般社団法人電気学会　2004.6
＊4 人間工学　林善男編　一般財団法人日本規格協会　P 191～
＊5 Ko ITO, etc : Tunnel Supervision and Control System Design and Future Prospects, Long Road and Rail Tunnels, First International Conference , Basel, Switzerland 29 Nov.-1Dec. 1999
＊6 Recommendations of The Group of Experts On Safety In Road Tunnels (Final Report),　UNITED NATIONS Economic and Social Council, Economic Commission for Europe Inland Transport Committee , 10 Dec.2001
＊7 高速道路交通管制技術ハンドブック　株式会社電気書院　2005
＊8 VICS の挑戦　一般財団法人道路交通情報通信システムセンター
＊9 ITS　HANDBOOK　2007－2008　一般財団法人道路新産業開発機構
＊10 次世代道路サービス提供システムに関する共同研究　報告書
　　　平成 18 年 3 月　一般財団法人道路新産業開発機構

### ＊＊＊ 家電商品と社会システム ＊＊＊

　新入社員から4年間、エアコンの設計を担当した。その後、社会システムのSEとなり34年になる。家電商品の設計（関西地区）から、社会システム（関東地区）に移った時、いろいろなことを感じた。
　家電商品は、最終消費者へ提供する商品であり、その使い方は千差万別を前提とする。品質のばらつき管理が大きな課題となる。
　一方、社会システムとは、技術志向の強い一品もの商品の開発である。商品の企画レベルから、技術屋は顧客と接し、営業的センスを問われる。
　工場部門の管理者は新入設計者にとって怖かった。図面の束を生産管理部署に持っていくときは、いつもドキドキした。また、品質管理課長は、製品の出荷停止を指示できた。それも、すごいことであった。問題が見つかった時、設計者は生産ラインに呼ばれるが、ラインについている社員は、箒を持って掃除している。みんなから、問題の設計者がやってきたなというような視線を感じたものだ。ラインを停止すると、それによる工場部門のロスコストは設計部門に請求された。
　家電商品といわず、社会システムの商品も工場部門が絡み連携のもと製造される。しかし、家電商品、つまり量産品は、圧倒的に工場部門が強い。
　上司が設計された商品で、年間生産が10万台を超えるものがあった。2年度目にラインが停止した。ビス留めができないという。しかし、設計変更していない。図面の許容誤差について、最悪値を重ねていくと、ビス留めができないこともあり得ることがわかった。
　社会システムの設計に移って間もないとき、上司の代わりに委員会というものに出席した。ホテルの一室に設けられた会議室、官側主催者のほか、大学の先生とメーカの代表が並ぶ。この世界は、非常に刺激的であった。技術者は、大学の先生と一緒に議論しながら仕事ができる。嬉しかった。

# 第 3 編
# 日本の ETC システム

　ETC システムは様々な技術の集まりである。その中の料金の自動収受機能を支えるセキュリティシステムについて紹介する。

　1999 年、ETC システムのセキュリティを実現するために、ORSE[*1]（現 ITS-TEA）が設立され、そこで様々の鍵（暗号化や復号化等で使用）が作成発行されてきた。その内容を 2001 年の第 4 回国際 PKC 学会（Public Key Cryptography）で発表している。本編は、その内容を中心に紹介する。

　デジタル携帯電話は、秘匿性にすぐれているが、それは通話内容を暗号化しているためである。ETC はお金の決済を自動的に行うため、携帯電話以上に秘匿性に代表されるセキュリティが重要となる。

　道路交通管理システムの中の ETC は、有料道路では必須なシステムとなっている。その ETC をセキュリティという側面からみた紹介である。

# 第1章
# ETCの開発計画

　ETCを実施している国は、世界で50カ国ある。車載器を貸与する方式もあれば、路側機器だけでナンバープレートを認識し課金する方式もある。
　日本では、ETC専用の車載器から始まった。クレジットカードの利用もある。何よりもノンストップを標語にした無線通信によるシステムである。なぜこのような方式を選んだか。無線通信にて課金する以上、その信頼性は高いものでないといけないし、安全なシステム（セキュアなシステム）でないといけない。

## 1. ETCの三つの要素と基本機能

　図3-1は、路側において、路車間にて通信するイメージを示している。そのシステムは、料金所の路側システムと車に装着された車載器、そして利用者個人の所有するICカードの3点から構成されている。

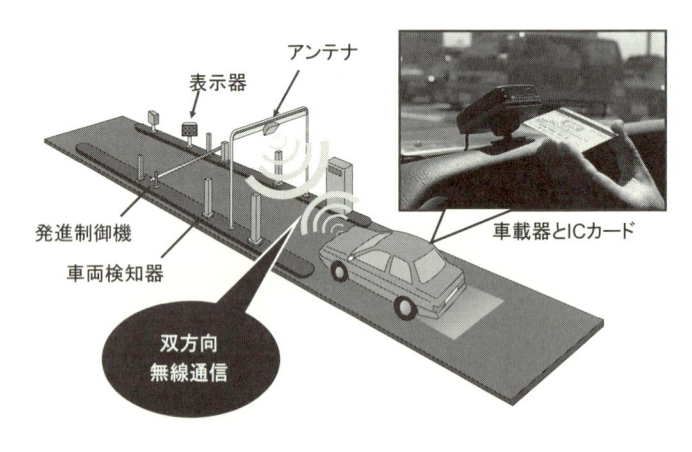

図3-1 ETCの三つの要素

図3-2は、ETCシステムの基本機能を示したものである。

入口のゲートにおいては、車の車種判別が行われ、その情報は、入口情報とともに車載器に書き込まれる。

出口ゲートにおいては、まず入口情報と課金対象となるユーザIDが車載器から路側装置に読み出され、次に利用料金・利用情報からなる課金情報を路側装置が車載器に書き込む。

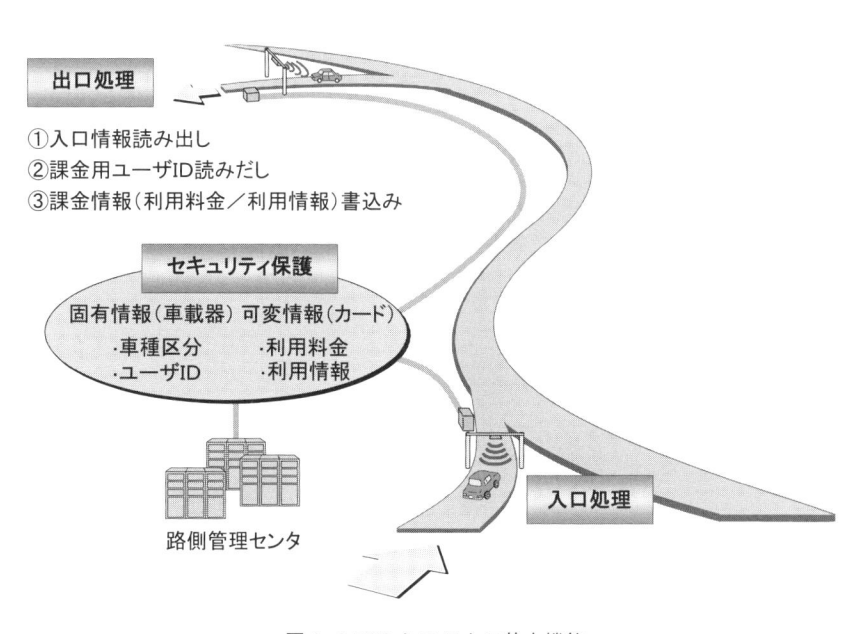

出口処理
① 入口情報読み出し
② 課金用ユーザID読みだし
③ 課金情報（利用料金／利用情報）書込み

セキュリティ保護
固有情報（車載器）　可変情報（カード）
・車種区分　　　　・利用料金
・ユーザID　　　　・利用情報

路側管理センタ

入口処理

図 3-2 ETC システムの基本機能

## 2. 日本の有料道路の特徴

システムの構築にあたって、前提となる日本の有料道路の事情がある。

日本においては、第二次世界大戦（大東亜戦争）後、国土復興に必要な道路建設費を税金では賄えなかったことから、有料道路制度を取り入れた。

システム構築当時、主な道路事業者としては、日本道路公団、首都高速道路

公団、阪神高速道路公団及び本州四国連絡橋公団があり、約 8,000km の有料道路を運営していた。このほかに、ローカルな有料道路事業者が全国に 43 あり、それらを統合すると約 9,500km になった。

料金設定は、各有料道路事業者が個別に決める方式であり、様々な体系で運用されていた。例えば、表 3-1 に示すように、"対距離制"、距離によらない"均一"、"車種による変動だが距離では均一"などがあった。

この料金体系も、ETC の採用をきっかけに見直すことも考えられていた。きめ細かなサービスに合わせて、料金のあり方も変えていく計画もあったからである。

2012 年より、都市内高速は距離制へ移行した。DSRC 通信（無線通信）は、入口、出口料金所での通信を前提としていた。また、海外のように高精度を問わないようなシステムであればいいが、フリーフローを銘打って高精度の料金課金処理をするには、難しい課題がある。それは、無線通信の通信性能の限界である。

表 3-1 独自の料金体系

| 主な有料道路事業者 | 料金体系 | 車種区分 |
|---|---|---|
| 日本道路公団 | 対距離制 | 5車種 |
|  | 均一 |  |
| 首都高速道路公団 | 均一 | 2車種 |
| 阪神高速道路公団 | 均一 | 2車種 |
| 本州四国連絡橋公団 | 対距離制 | 5車種 |

## 3. システム構築の基本的条件

日本の ETC システムは、以上に述べた特徴的課題を解決するため検討されてきた。このほかに、次に掲げる項目をシステム構築上の基本的条件とした。
・全ての有料道路で共通に利用できること
・全ての料金体制に対応できること

# 第 1 章　ETC の開発計画

- 前納式及び後納式の両者に対応できること（当初は後納式）
- 利用の確認ができること
- 全車種に適用できること（当初は一部制限あり）
- 高いセキュリティを有すること
- 利用者のプライバシーが確保できること
- 車載器と IC カードの早期普及ができること
- 高い精度を有すること
- 現行料金収受システムが活用できること
- 国際標準（ISO/ITU）と調整のとれたものであること
- 国際調達ルールに則した開かれたマーケットを約束すること

# 第2章 システム構築のスキーム

セキュアなシステム構築にあたって、前提とするスキーム（図式）がある。そのスキームによって、セットアップが必要となり、課金システムの全体像も決まった。

## 1. 二つの前提

システムの構築では、次の二つのスキームを採用した。つまり、路側装置は、道路事業者が発注し、それは技術力と価格によって受注者が決まるということ。また、車載器はだれでも自由に製造・販売できるということ。

このため、セキュリティ部分は、車載器や路側装置とは独立した管理のもとに置くことにした。具体的には、趣旨に賛同した民間会社が資金を出し、建設大臣の許可を得て、ORSE という信用第三者機関を設立した。

ORSE：一般財団法人　道路システム高度化推進機構

## 2. セットアップ

ETC を利用するためには、車載器や IC カードを必要とする。これについては、利用者が用意することになる。車載器は民間の電気通信メーカ等で製作しており、自動車販売店やカー用品等で販売される。IC カードは、クレジット会社が発行するものと道路事業者が発行するものがある。

利用者が、車載器を購入して、それを使うためには、その車載器を車に固定して、その車の固有情報を車載器に書き込む必要がある。その作業をセットアップと呼んでいる。（図3-3）

このセットアップでは、後からその車の識別ができるように、管理番号を振ることや相互認証のための鍵情報が書き込まれる。

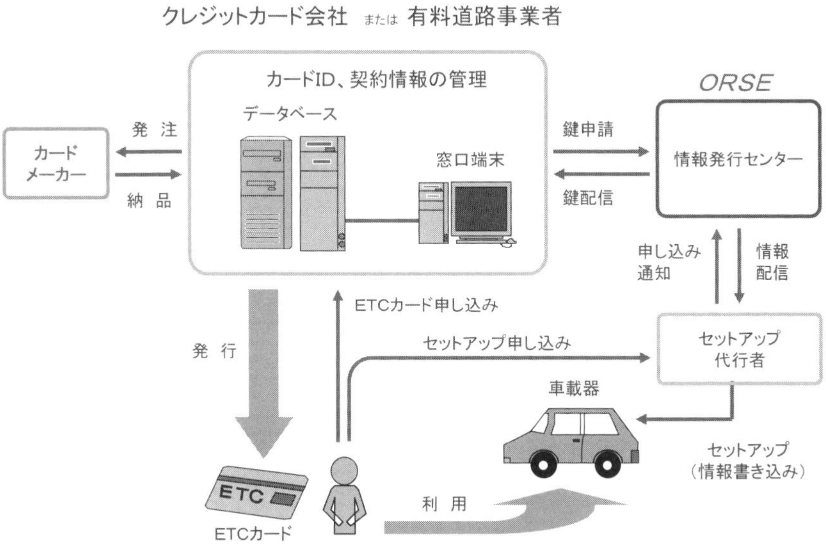

図 3-3 セットアップ

## 3. 課金の仕組み

　料金収受の方法は、ETC システムによって、収受員による手渡しによる方法から、無線を用いたものに変わる。図 3-4 は、その仕組みを示したものである。
　IC カードが挿入された車載器を装着した車両が、料金ゲートの路側無線装置と自動的に交信する。そのデータに基づき路側装置によって料金計算がされる。この際、不正利用者リスト（ネガリスト）等によるチェックを行う。これにより、不正に車載器を載せ替えたり、残高不足の IC カードを利用したものをチェックできる。
　料金計算を行った後、その結果は各クレジット会社などに送られ、利用者が契約するクレジット会社などを通じて料金が引き落とされる。

第3編 日本のETCシステム

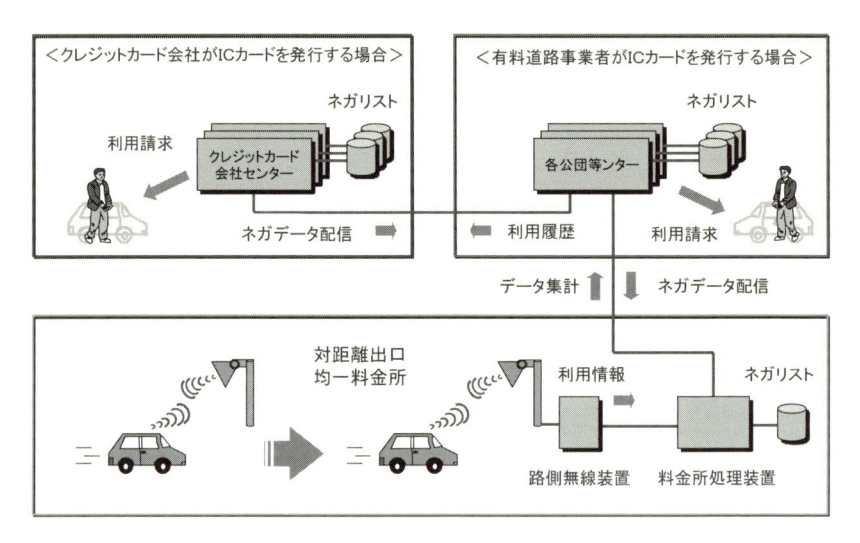

図3-4 課金の仕組み

# 第3章 セキュリティ

システムの構築スキームのもと、セキュアな仕組みが検討された。その内容を以下に示す。

## 1. セキュリティの全体像

全体像を図3-5に示す。

セキュリティを確保するために、ORSEは、関係主体者に、情報安全確保規格を開示し、必要とされる識別処理情報の付与を行う。

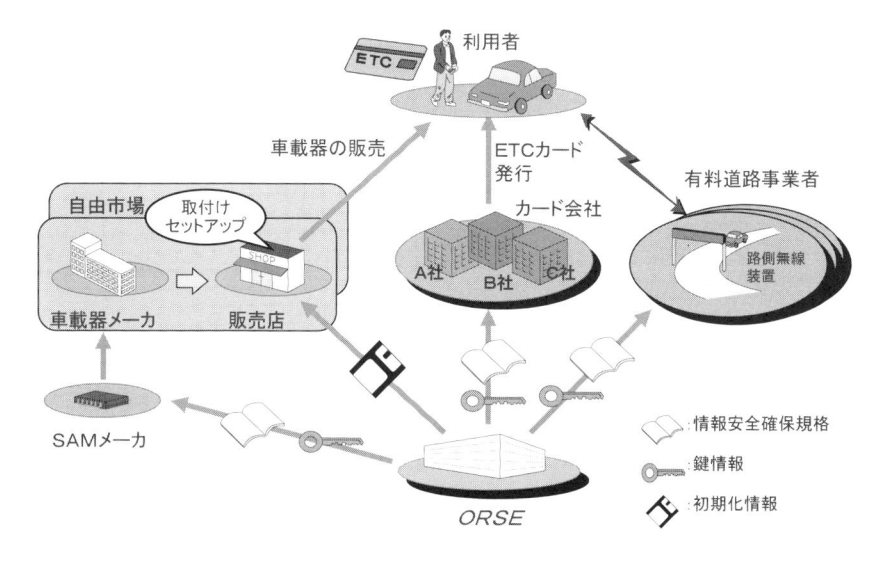

図3-5 セキュリティの全体像

情報安全確保規格は、ETCを構成する機器（車載器、路側装置、ETCカード等）に格納されるセキュリティ機能の開発やそのシステム構築に適用されるも

ので、ORSE と守秘義務契約を締結した企業にのみ、ORSE から提供される。

　識別処理情報の付与とは、鍵情報の発行と車載器を活性化するために必要な初期化情報の発行をいう。(車載器の活性化＝セットアップ)

　プライバシー保護や確実な料金収受を図るため、ETC では暗号文の形で情報を格納したり、車と路側装置間で転送したりするが、その暗号化・復号化に必要な情報を鍵情報という。

　初期化情報の発行とは、いろいろなメーカが製造販売した車載器が ETC システムとして使えるように、取り付ける車の情報を車載器に登録することをいう。

　そのために、車載器には、内部にセキュリティ処理を行う SAM (Secure Application Module) というデバイスを共通して組み込むこととし、各車載器製造メーカはこれを購入し、自社製品に実装して ETC 機能を動作させる。

## 2. 各主体のセキュリティレベルと相互認証

　各主体のセキュリティレベルを図 3-6 のように A から D にランク付けしている。このセキュリティレベルを前提に、システムの不正行為の洗い出し、リスク評価をし、具体的な不正対策等を行っている。

| クラスA | 基本データの管理を行い、開発管理に係わる審査等を行う主体 |
|---|---|
| クラスB | 基本データの管理を行い、開発管理に係わる審査等が直接契約で義務づけられる主体 |
| クラスC | 開発管理に係わる審査等が直接契約で義務づけられる主体 |
| クラスD | 開発管理に係わる審査等が直接契約で義務づけられない主体 |

図 3-6 各主体のセキュリティレベル

　IC カードと車載器はどちらもクラス D であり、路側装置はクラス A である。

図3-7は、三つの装置間で、それぞれ相互認証を行うイメージを示したものである。ICカードの情報は、順次認証行為を行った後、クラスAでのみ、その内容を読むことができる。

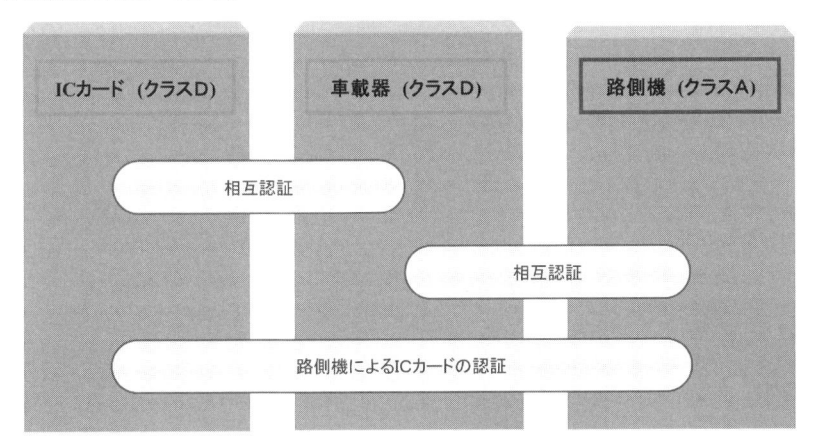

```
┌─────────────┐  ┌─────────────┐  ┌─────────────┐
│ICカード(クラスD)│  │車載器(クラスD) │  │路側機(クラスA) │
│             │  │             │  │             │
│    ╭──相互認証──╮        │  │             │
│             │  │    ╭──相互認証──╮        │
│    ╭──路側機によるICカードの認証──╮        │
└─────────────┘  └─────────────┘  └─────────────┘
```

図3-7 相互認証

## 3. セキュリティ確保のための規格書

セキュリティ確保のための規格書は、次の三つがある。
- ・セキュリティ標準規格書
- ・アルゴリズム標準規格書
- ・ナンバリング規格書

これらは、ORSEと保守義務契約をした開発製造業者のみに提供される。

セキュリティ標準規格書は、建設省が作成したもので、ICカード、車載器、料金所路側無線装置、料金所ICカードリーダ、料金所明細表示装置、車載器セットアップカード、情報発行装置に関するセキュリティについて規定している。

アルゴリズム規格書は、有料道路事業者が作成したもので、ETC構成機器の暗号アルゴリズムについて規定している。

ナンバリング規格書は、有料道路事業者との協定に基づきORSEが作成したもので、データ項目、データ構造、データ内容について規定している。

ETCシステムのセキュリティに関する規格書の作成とほぼ同時に通産省にて検討されていたのが、ISO/IEC 15408「情報技術セキュリティ評価基準」であ

る。

　ISO/IEC 15408 は、情報技術を用いた製品やシステムが備えるべきセキュリティ機能に関する要件（機能要件）や、設計から製品化に至る過程で、セキュリティ機能が確実に実現されていることの確認を求める要件（保証要件）が集大成された「要件集」である。

　機能要件には、ユーザの識別・認証、データや資源の保護、セキュリティ監査など、情報技術セキュリティに必要な機能が網羅されている。

　保証要件には、開発仕様書の内容、テスト実施内容、脆弱性/誤使用に対する抵抗力、構成管理、開発環境、配布手順など、様々な側面からの確認事項が含まれている。この確認作業のことを「評価」と呼ぶ。評価を受けるために開発者が準備すべき事項についても詳しく述べられている。

　また、製品やシステムが機能要件をどこまで保証しているかを表す尺度として、7 段階の保証要件のサブセットを定義している。これは「評価保証レベル」EAL と呼ばれている。

　ETC も EAL のあるレベルを想定している。ETC システムは、第三者機関の評価を受けないのか、これは、ETC の運用後常に問われていることである。第三者機関の評価を受けるとなると、コストはかなりアップするであろう。その代わり、ややもすると忘れがちなセキュリティの大切さを思い出させてくれるかも知れない。

## 4. システム構築の仕様書

　規格書に対応した ETC の仕様書は図 3-8 のようになる。

　EMV 規格とは、Europay International, MasterCard 及び Visa International によって制定された接触型 IC カード規格である。

　ここで、個人情報保護指針について補足する。

　有料道路自動料金収受システムにおける個人情報保護指針は、平成 12 年 3 月に建設省道路局により有料道路事業者等、関係事業者に対して通達された。ETC データは個人情報の関係で使えないと言う方がいるので、次に第 4 条を紹介する。

　（個人情報の利用及び提供）

　第 4 条　ETC 実施主体は、ETC 業務の目的以外の目的に、個人情報を利用

第3章　セキュリティ

又は提供しないものとする。ただし、次の各号のいずれかに該当するときは、この限りではない。
(1) 本人の同意があるとき、又は本人に提供するとき。
(2) ETC 実施主体が従うべき法的義務のために必要なとき。
(3) 自動料金徴収者が、道路利用の状況を把握するために、個人を識別できない情報を作成するとき。

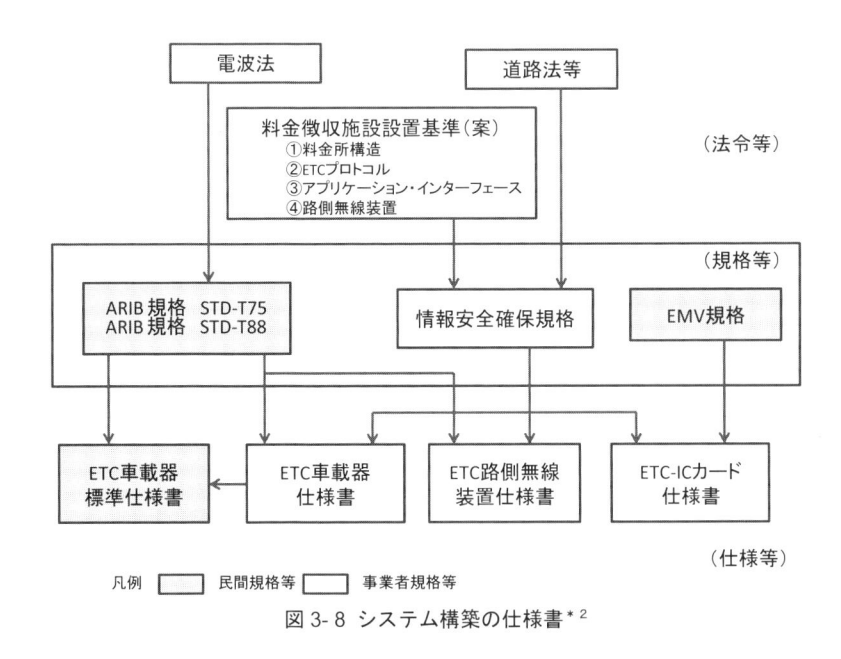

図 3-8 システム構築の仕様書 *2

## 5. 運用を規定するセキュリティ

ETC システムそのものがどんなにセキュアであっても、その運用やデータ管理等に課題があっては問題である。そこを規定しているのが、ISO17799（図3-9) である。（サイトセキュリティとも呼ばれている。）

また、これをイメージで示したのが図3-10 である。

ORSE や道路事業者は、このような規格を参考にし、セキュリティポリシーを定めている。

- 111 -

| | |
|---|---|
| 1. セキュリティポリシー<br>1.1 情報セキュリティポリシー | 6. 通信及び運用管理<br>6.1 運用手順および責任<br>6.2 システム計画の作成及び受入<br>6.3 悪質ソフトウェアからの保護<br>6.4 ハウスキーピング<br>6.5 ネットワーク管理<br>6.6 媒体の取扱い及びセキュリティ |
| 2. セキュリティ組織<br>2.1 情報セキュリティ・インフラストラクチャ<br>2.2 第三者アクセスのセキュリティ<br>2.3 アウトソーシング | |
| 3. 財産の分類及び管理<br>3.1 財産に対する責任<br>3.2 情報の分類 | 7. アクセス制御<br>7.1 アクセス制御に関するビジネス要求事項<br>7.2 ユーザアクセス<br>7.3 ユーザの責任<br>7.4 ネットワークのアクセス制御<br>7.5 オペレーティングシステムのアクセス制御<br>7.6 アプリケーションのアクセス制御<br>7.7 システムアクセス及びシステム使用の監視<br>7.8 モバイルコンピューティング及びテレワーキング |
| 4. スタッフのセキュリティ<br>4.1 仕事の定義及びリソーシングにおけるセキュリティ<br>4.2 ユーザの訓練<br>4.3 セキュリティ事故及び誤動作への対処 | |
| 5. 物理的及び環境的セキュリティ<br>5.1 安全領域<br>5.2 装置のセキュリティ<br>5.3 一般管理策 | |

図 3-9　ISO17799 で規定されている項目

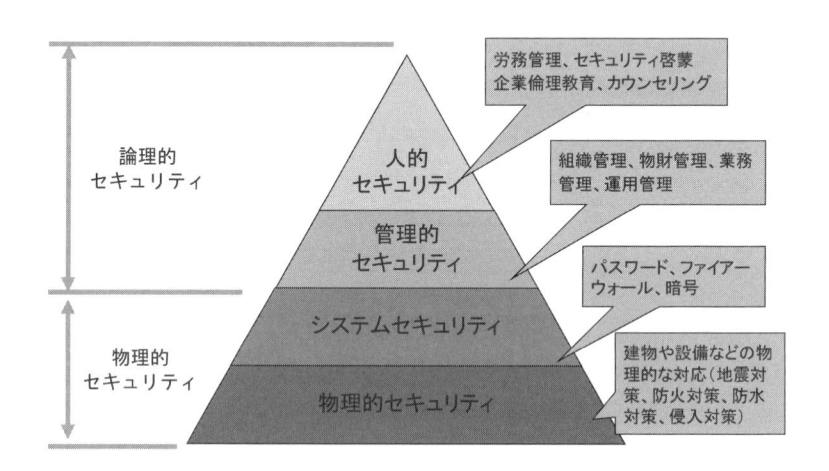

図 3-10　サイトセキュリティ

## 6. ETCの運用に係わる会議体

ETCの円滑な運用のため、課題の解決や調整の場として、ETC運用連絡会議、セットアップ事業者連絡会並びにETCセキュリティ協議体がある。

表3-2 ETCの運用に係わる会議体

| 会議体 | ETC運用連絡会議 | セットアップ事業者連絡会 | ETCセキュリティ協議体 |
|---|---|---|---|
| 目的 | ETCの運用に対する安全性の確保、利便性の向上及び普及促進 | セットアップ事業者の相互の情報交換や連携活動を通じたETC車載器の普及促進 | ETCのセキュリティの確保と向上 |
| メンバー | 国土交通省<br>有料道路事業者<br>車載器メーカ<br>自動車メーカ<br>クレジットカード会社<br>カードベンダ<br>車載器SAMメーカ<br>関連法人　等 | セットアップ事業者 | 国土交通省<br>有料道路事業者 |

# 第4章
# 次期 ETC

この章では2011年から始まった次期ETC（ITSスポットサービ）について紹介する。

## 1. ITSの展開

日本のETC関係5省庁は、ITSが実現するサービスにおいて必要となる情報や機能を明確化するため、9の開発分野、21の利用者サービスを細分化して、172のサブサービスを体系的に整理した。図3-11は、自動料金収受の開発分野を取り上げたものである。

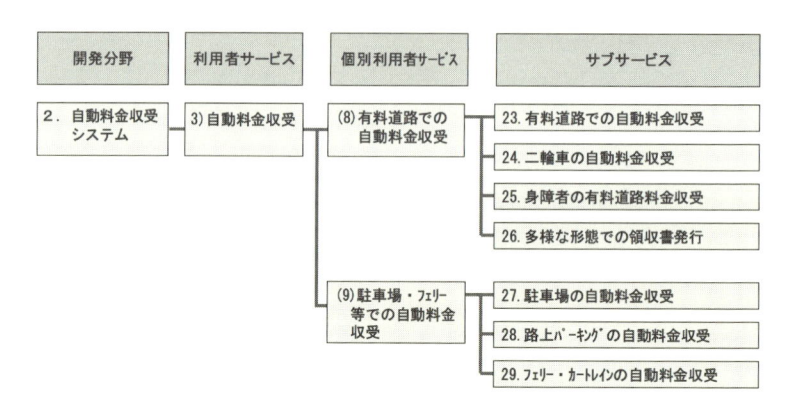

図 3- 11 自動料金収受のサービス

これに対し、2011年からスタートしたITSスポットサービスは、図3-12のように示されている。

料金決済サービスとして、ETCの他、駐車場、ガソリンスタンド、ドライブスルー等の決済系が実現できている。ITSスポットサービスは、この決済系の

他、道路交通情報提供や安全運転支援情報提供、情報接続サービス等から構成される。

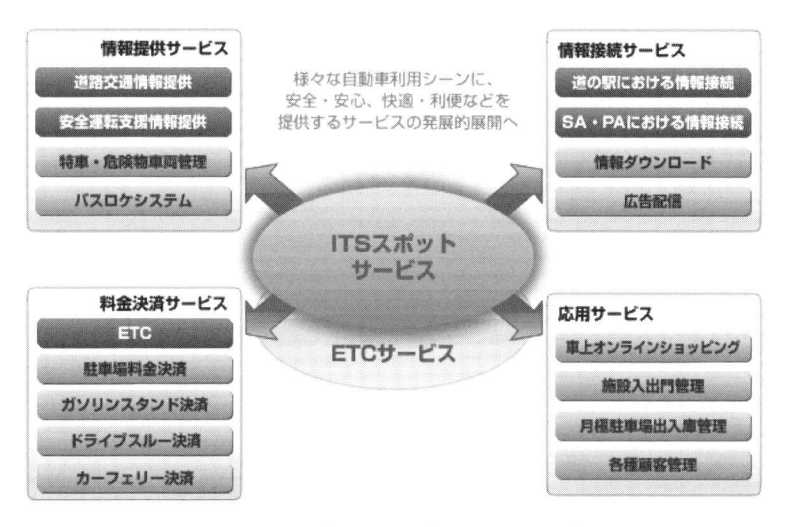

図 3-12 ITS スポットサービスと ETC サービス[*3]

## 2. ITS スポットサービスのセキュリティ[*4]

　ITS スポットサービスに対応する車載器は、図 3-13 に示すように検討されている。ITS スポット対応車載器は、DSRC 対応部とカーナビゲーションシステムの二つに分けられる。

　この DSRC 部分では、ETC サービスと ITS スポットサービスを区分けし、その上で具体的サービスへと移行する。各々の AID 及び通信プロファイルが異なるため、まず、ITS スポット対応車載器に対応した AID（18）通信プロファイルにて DSRC 通信を行い、反応がない場合には、ETC 車載器に対応した AID（14）通信プロファイルにて DSRC 通信を行う。

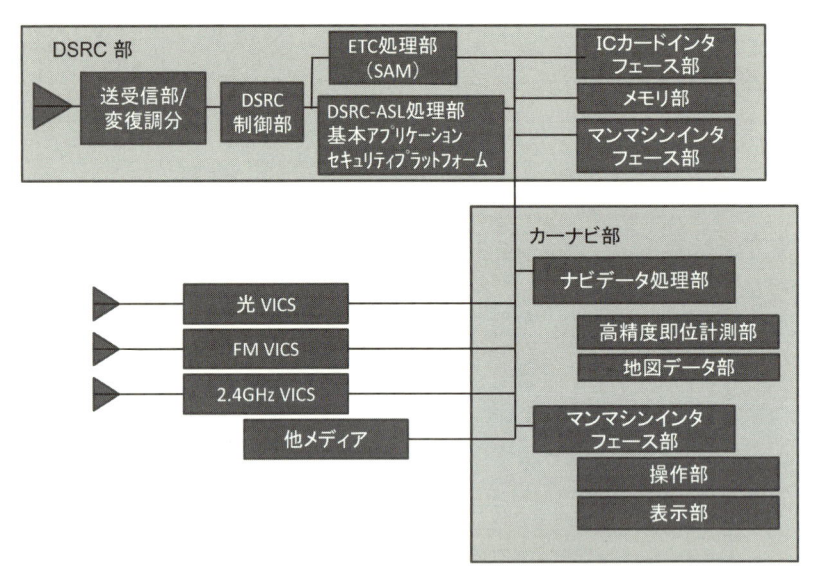

図 3-13　ITS スポットサービス対応車載器

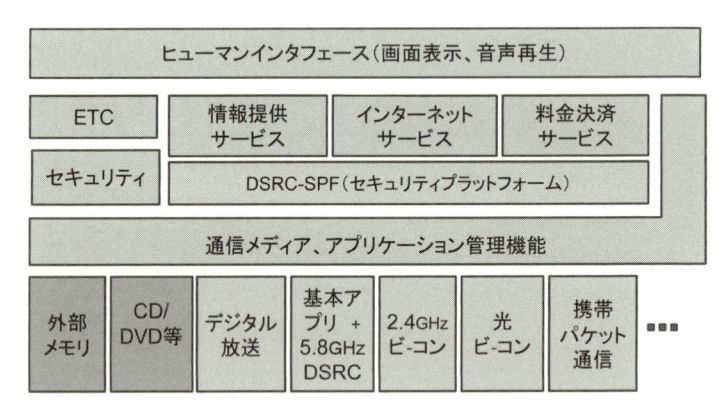

図 3-14　ITS スポットサービス対応車載器の機能イメージ

　ETC のサービスに入ってからは、SAM がセキュリティを担当する。DSRC セキュリティプラットフォーム（DSRC-SPF）は、ITS スポットサービス対応

車載器と路側システムにおいて相互認証を行い、機器認証を行う。また、相互認証にて交換した鍵を用いて、基本アプリケーションの暗号通信に利用する。SPF が使用するセキュリティの種別については、複数のものから選択可能な仕様となっている。

# 第5章
# 暗号化技術と日本の動向

　ETCシステムやITSスポットサービスを支えている暗号化技術の基本的事項と"CRYPTREC"について紹介する。

## 1. 暗号技術の基礎

暗号の技術では、共通鍵暗号と公開鍵暗号が基本である。
用語の定義として、
　・平文　：暗号をかける前の文章
　・暗号文：暗号化された文章
　・暗号化：平文に暗号をかけること
　・復号化：暗号文を平文にもどすこと
　・解読　：鍵をもたずに暗号文を復号すること

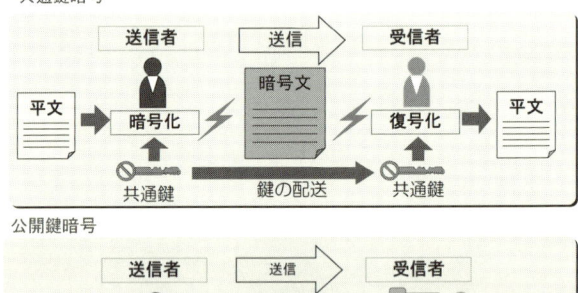

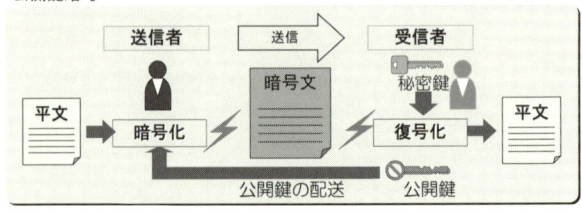

図 3-15　共通鍵と公開鍵

第 5 章　暗号化技術と日本の動向

　図 3-15 は、共通鍵暗号と公開鍵暗号を使って、平文を送信する様子を示したものである。
　また、図 3-16 は、大分古い資料からとった鍵の発展[*5]である。これは、ETC 開発当時の状況を感じ取るために紹介する。

| 背景 | 計算機パワーの指数関数的増大 | 量子コンピュータの研究推進 |
|---|---|---|
|  | インターネットの普及・次世代インターネットの展開 ||

共通鍵暗号
- アルゴリズム公開型　国産暗号の開発　AES制定（米国政府標準）2001？
- DESの制定
- 米国政府標準（1977）　FEAL,MULTI,MISTY,CIPHERUNICORN,E2
- 　　　　　　　　　　KASUMI,Camelia　　ストリーム系暗号理論の研究
- 解読アルゴリズムの進歩　差分解読法（1990）代数解読法 etc
- 　　　　　　　　　　　　線形解読法（1993）（1995〜）
- 鍵長64ビット時代（56〜64ビット）｜128ビット時代（128〜256ビット）

公開鍵暗号
- 公開鍵暗号の発明　零知識証明プロトコルの発明（1985）
- 英国国防機関？　　楕円暗号の発明（1986）　耐量子コンピュータアルゴリズム>NP hard の追求（課題）
- 米国　RSA（1977）　OAEP化RSA（1995）
- 　　DH鍵共有方式（1976）　EPOC（1998）　情報量的安全性の追求
- 　　　　　　　　　　Cramer-Shoup（1998）　物理的安全性の追求
- RSA暗号 ／ OAEP化・楕円暗号

1970　　1980　　1990　　2000　　2010

図 3- 16　鍵の発展

## 2. 最近の動向（CRYPTREC の紹介）[*6]

　CRYPTREC とは Cryptography Research and Evaluation Committees の略であり、電子政府推奨暗号の安全性を評価・監視し、暗号技術の適切な実装法・運用法を調査・検討するプロジェクトである。
　総務省及び経済産業省が共同で運営する暗号技術検討会（座長：今井秀樹中央大学教授）と、独立行政法人情報通信研究機構（NICT）及び独立行政法人情報処理推進機構（IPA）が共同で運営する暗号方式委員会（委員長：今井秀樹中央大学教授）、暗号実装委員会（委員長：松本勉横浜国立大学教授）及び、暗号運用委員会（委員長：佐々木良一東京電機大学教授）で構成される。

## （1）経緯と役割

　我が国が目指す世界最先端の IT 国家を構築するには、基盤となる電子政府のセキュリティを確保する必要があり、安全性に優れた暗号技術を利用することが不可欠である。この目的のため、客観的な評価により安全性及び実装性に優れると判断された暗号技術をリスト化する暗号技術評価プロジェクトが 2000 年度から 3 年間の予定で組織化され、CRYPTREC(Cryptography Research and Evaluation Committees)と名づけられた。

　CRYPTREC は、公募された暗号技術及び業界で広く利用されている暗号技術を評価・検討し、安全性及び実装性能ともに優れたものを選択した。総務省と経済産業省は、この評価結果を踏まえ 2003 年 2 月 20 日に「電子政府」における調達のための推奨すべき暗号のリスト(電子政府推奨暗号リスト)を公表した。2003 年 2 月 28 日には、行政情報システム関係課長連絡会議において、各府省が情報システムの構築にあたり暗号を利用する場合には、可能な限り、電子政府推奨暗号リストに掲載された暗号の利用を推進する旨の「各府省の情報システム調達における暗号の利用方針」が了承された。

　総務省及び経済産業省は、2003 年度以降も電子政府の安全性及び信頼性を確保するために、CRYPTREC プロジェクトの活動を継続することを決定した。電子政府推奨暗号リストに掲載された暗号の安全性を監視・調査するための暗号技術監視委員会が新たに設置され、また、暗号を実装した暗号モジュールの日本における評価基準を確立するために暗号モジュール委員会が設置された。

　暗号技術検討会は、2009 年 7 月 10 日に電子政府推奨暗号リスト改訂に向けた CRYPTREC の組織改正を決定した。暗号技術監視委員会と暗号モジュール委員会は各々、暗号方式委員会と暗号実装委員会に移行し、電子政府における暗号技術の適切な運用を目的とした調査・検討を行う暗号運用委員会が新設され、今日に至っている。

## （2）CRYPTREC 体制

体制を図 3-17 に示す。

第 5 章　暗号化技術と日本の動向

```
                    暗号技術検討会
                （事務局：総務省,経済産業省）
         ┌──────────────┼──────────────┐
    暗号方式委員会        暗号実装委員会        暗号運用委員会
   （事務局：NICT,IPA）  （事務局：NICT,IPA）  （事務局：NICT,IPA）

   (1)電子政府推奨暗号の監視   (1)暗号の実装に係る技術及    (1)電子政府推奨暗号の適切
   (2)電子政府趣旨章暗号の安全   び暗号を実装した暗号モ     な運用法をシステム設計者・運
   性及び信頼性確保のための調査・  ジュールに対する攻撃手法に   用者の観点から調査・検討
   検討              関する調査・検討
   (3)電子政府推奨暗号リスト改訂  (2)電子政府推奨暗号リスト
   に関する安全性評価       改訂に伴う実装性評価に関す
                    る調査・検討

   暗号技術調査WG        サイドチャネル         先導的技術調査WG
                 セキュリティWG
```

図 3-17 CRYPTREC 体制図

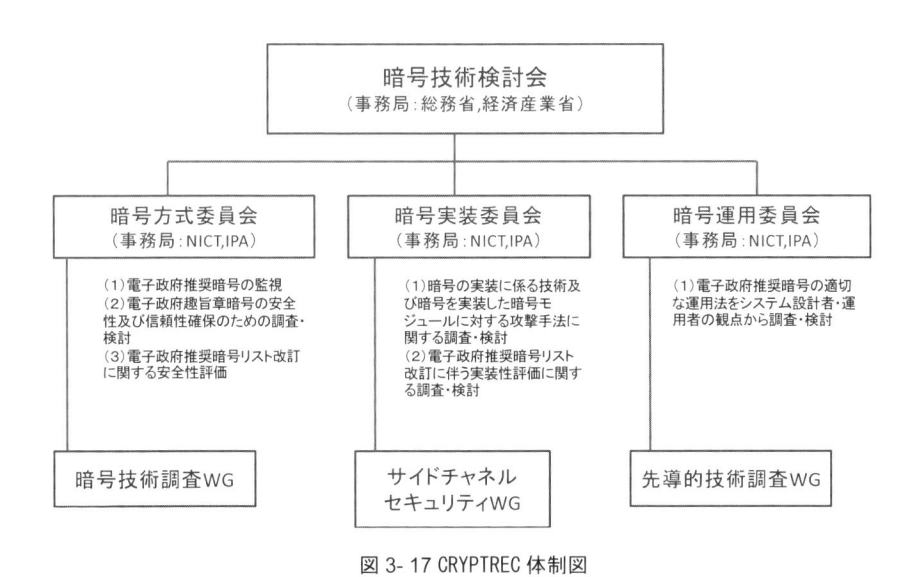

**参考資料**

＊1　ORSE　http://www.orse.or.jp/（現 ITS-TEA　https://www.its-tea.or.jp/）

＊2　ETC 便覧　P16　平成 24 年度版　ORSE

＊3　http://www.mlit.go.jp/road/ITS/j_html/spot_dsrc/index.html

＊4　次世代道路サービス提供システムに関する共同研究　平成 18 年 3 月　国土交通省国土技術政策総合研究所

＊5　暗号技術の動向と課題　情報処理　Vol.41　No.5　通巻 423 号　社団法人情報処理学会

＊6　http://www.cryptrec.go.jp/

## ＊＊＊ 天災は忘れたころにやってくる ＊＊＊

　寺田虎彦が言ったといわれるこの言葉は有名である。1995.1.17 の兵庫県南部地震や 2011.3.11 の東日本大震災が発生したとき、この言葉を思い出し、寺田虎彦の「日本人の自然観」を読み直した。
　"われらの郷土日本においては脚下の大地は一方においては深き慈愛を持ってわれわれを保育する「母なる土地」であると同時に、またしばしば刑罰の鞭（むち）をふるってわれわれのとかく遊惰に流れやすい心を引き緊（し）める「厳父」としての役割をも勤めるのである。厳父の厳と慈母の慈との配合よろしきを得た国がらにのみ人間の最高文化が発達する見込みがあるのであろう"＊
　昨年だったか一昨年だったか、テレビの報道番組で、日本を取り囲む自然環境、太平洋と日本海の海産物と日本列島の植物分布が、世界的にも稀なほど豊かなものであるという番組があった。
　一方、日本列島は四つのプレート上にあるため、地震帯そして火山帯の真上にあることを認識せざるを得ない。
　地震の研究論文集の一つに、微小地震波計測分布図があった。その地震波研究の結果、私の故郷の鳥海山の下のマグマは真っ赤な色で表され、活動中であることを示していた。約 40 年前、一度噴煙を上げたことがある。大地の地下数十 km の活動を予測することは難しい。
＊寺田虎彦全集　第十巻　P208

# 第4編
# 道路管理とリスク

　2011年の3月11日に発生したM9東日本大地震は、数百年に一度の大きな地震であった。津波による大惨事や、原子力発電所事故が発生し、大変な状況に至った。

　高速道路には様々なシステムがある。それらシステムは、安全と円滑な交通を実現するために設けられた様々な現場機器を監視し、制御している。

　地震やトンネル火災事故などは、道路管理者にとっても、大きなリスク対象である。今回は、リスクという視点から、道路管理業務を整理し、具体的な台風や地震、火災という事象について説明する。

# 第1章
# リスクとBCP

　信頼性とは、システム、機器、部品などの機能の時間的安定性を表す度合いまたは性質をいい、信頼度とはシステム、機器、部品などが規定の条件の下で、意図する期間中、規定の機能を遂行する確率をいう。

　信頼性検討では、故障を起こさないようにする指標として、MTBFの大きさ（例えば50000時間以上）を問い、故障が不具合になっても直すまでの時間、MTTR（例えば1時間以内に修復）の値を検証し、結果的に広義の信頼度としてアベイラビリティ（A）をとりあげ、

$$A=MTBF／（MTBF＋MTTR）＝99.9\%$$

が確保されているかという視点がある。

　　　MTBF（平均無故障時間）：正常から故障への平均移行時間
　　　MTTR（平均修復時間）　：修復までの平均時間

　一方、リスクとは、頻度は少ないものの、一旦発生したときには大きな損害をもたらす災害等の危険度をいう。信頼性の高度化とリスク対応は異なる。

　昨今、BCP（事業継続計画）と言う言葉が、リスク対応として重要視されている。情報化社会の中で、高度なサービスが実現されているシステム等が災害等にて損傷した場合には、社会的に大きな影響を与える。企業の社会的責任を果たす意味から、その影響を最小にしていくために適切な対応手段を講じることがBCPである。

## 1. リスク

　人間は、日常生活の中で様々な危険にさらされている。道を歩いていて車に轢かれることもあれば、散歩途中で雷に打たれ死ぬこともある。これらの危険の程度を示す言葉にリスクがある。通常、リスクは次の様に示される。

第 1 章　リスクと BCP

リスク〔結果の大きさ／単位時間〕
＝頻度〔件数／単位時間〕×大きさ〔結果の大きさ／件数〕

日本における死亡に至るリスクを次に示す。

表 4-1　死亡に至るリスク（日本）

| 事故の種類 | 全死者数 | 死亡確率／年・人 | 備考 |
| --- | --- | --- | --- |
| 交通事故 | 5,744 | $4.5 \times 10^{-5}$ | 2007（平成 19）年の全国死者数[*1] |
| 火災事故 | 推定 2,432 | $1.9 \times 10^{-5}$ | 平成 15 年～18 年の平均死亡確率[*2] |
| 水難事故 | 1,188 | $0.9 \times 10^{-6}$ | 平成 10 年警察白書より |

交通事故による死者は、現在約年間 5000 人であり、年間 1 万人を超える（1990 年は 11,227 人）頃に比すると約半分になっている。$4.5 \times 10^{-5}$ とは、1 年間で、10 万人の人を対象にしたとき、4.5 人が交通事故で亡くなるという意味合いである。

リスクという視点でまとまった資料が見つからないので、古い資料ではあるが米国の資料を紹介する。リスクについてまとめられた資料[*3]であり、リスクに対する個人の行動レベルについても報告されている。

表 4-2　アメリカ　各種リスクの比較[*3]

| 事故の型 | 全死者数 | 死亡確率／年・人 | 事故の型 | 全死者数 | 死亡確率／年・人 |
| --- | --- | --- | --- | --- | --- |
| 交通事故 | 55791 | $3 \times 10^{-4}$ | 落下物 | 1271 | $6 \times 10^{-6}$ |
| 落下事故 | 17827 | $9 \times 10^{-5}$ | 感電死 | 1148 | $6 \times 10^{-6}$ |
| 焼死 | 7451 | $4 \times 10^{-5}$ | 鉄道 | 884 | $4 \times 10^{-6}$ |
| 水死 | 6181 | $3 \times 10^{-5}$ | 落雷 | 160 | $5 \times 10^{-7}$ |
| 中毒 | 4516 | $2 \times 10^{-5}$ | 竜巻 | 91 | $4 \times 10^{-7}$ |
| 鉄砲 | 2309 | $1 \times 10^{-5}$ | ハリケーン | 93 | $4 \times 10^{-7}$ |
| 機械 | 2054 | $1 \times 10^{-5}$ | その他 | 8695 | $4 \times 10^{-5}$ |
| 船舶 | 1743 | $9 \times 10^{-6}$ | | | |
| 航空機 | 1778 | $9 \times 10^{-6}$ | 全事故 | | $6 \times 10^{-4}$ |

表 4-3 リスクレベルと個人の行動[*3]

| リスクレベル | 個人の行動 |
|---|---|
| $10^{-3}$<br>病気以外になし | 直ちに災害減少の努力をする。 |
| $10^{-4}$<br>自動車事故等 | 一致した行動は起こしたがらないが、リスク減少のためには、金を出す。 |
| $10^{-5}$<br>火災等 | リスクを避けるため、ある程度の不便を容認している。 |
| $10^{-6}$<br>天災 | ほとんど関心を払わない。 |

　一般的なリスクとは、このように定義され、また災害への対応について検討されてきた。

　次章から、対象を高速道路に的を当て、リスクとは何か、またどのような災害事象が想定されるか、検討を行なう。

## 2. BCP（事業継続計画）

　BCPとは、企業や公的機関において、災害発生時のリスクを軽減するために対応策を練ることを言う。別の言い方をすると、企業や公的機関が、災害発生時にもその基本機能を継続維持できるように対策を採ることを言う。

　例えば、中央防災会議による「首都直下地震対策大綱」の中には、首都高速道路に対し
- 目標設定：発災後3日間においても最低限果たすべき機能目標を設定する。
- 道路の機能目標：道路は、災害対策要員や資機材の緊急輸送基盤として重要な役割を担う。このため、道路橋の被災、沿道建築物の倒れこみ、渋滞等による通行障害が発生しても、1日以内に緊急通行車両等の通行機能を確保できるようにする。
- 予防対策：発災時の機能継続性を確保するための計画として事業継続計画（BCP）を策定するとともに、BCPに基き定められた活動が災害時に的確に実行できるように、定期的な訓練を行う。このほか、緊急車両の通行優先順位を予め検討しておく。

## 第1章　リスクとBCP

・道路の予防対策：道路管理者は、重点的に橋梁の耐震補強を実施する。また、首都圏における環状道路の整備等により、災害時における代替性を考慮した道路ネットワークの多重化を推進する。
・応急対策：状況に応じて優先的な道路啓開、交通規制、復旧作業を行う。
・広域連携のための交通基盤確保：広域防災拠点の整備と相互のネットワーク化を進める。

　発災後の交通を早期に確保するためには、道路啓開や復旧の迅速な実施が重要である。

　このため、道路管理者は、道路の被災状況の収集・連絡体制の強化を図るとともに、CCTVや道路情報モニタ等を活用し、迅速な道路被災情報の収集・共有を行う。また、道路啓開・復旧用資機材について、平常時からの備蓄や所在の把握、建設業者等との協定などにより、適正な確保・配置を行う。

　以上は、地震発生時の対応について述べたものであるが、様々なリスクについてその対応策を検討し具体的な対応することがBCPの意味するところである。

# 第2章
# リスクの検討

## 1. 道路管理者のリスク

　災害をすべてリスクの対象として対応策を練るのも一つである。しかし、リスクへの対応とは、コストと裏腹の関係にあり、あらゆる対応策をとることが企業にとって必ずしも許されるわけではない。

　高速道路株式会社は、道路管理者としての責務を負うものと考えると、次の道路法が一つの考え方となってくる。

　道路法29条
　道路の構造は、当該道路の存する地域の地形、地質、気象その他の状況及び当該道路の交通状況を考慮し、通常の衝撃に対して安全なものであるとともに、安全かつ円滑な交通を確保することができるものでなければならない。

　1979年7月に発生した日本坂トンネル火災事故の裁判において、道路管理者の責務について様々な判断が、この道路法29条に照らして行なわれた。その一つに、トンネル内に残った車両が100メートル以上離れた地点から延焼することが予想できたかということがあった。（予想できるということは通常の衝撃の範囲となる）予想の可否はともかく、道路管理者の社会的責任は、裁判の場では法律に照らして行なわれたことが重要である。この理解をどのように進めるか。

　また、高速道路株式会社はそのサービスを実現するために数多くのシステムを構築しているが、それらが、同じ土俵で議論できるか。例えば、交通管制システムの機能、情報提供サービスは災害とか、安全とかそのような範疇とは異なるのではないかという疑問である。

第2章　リスクの検討

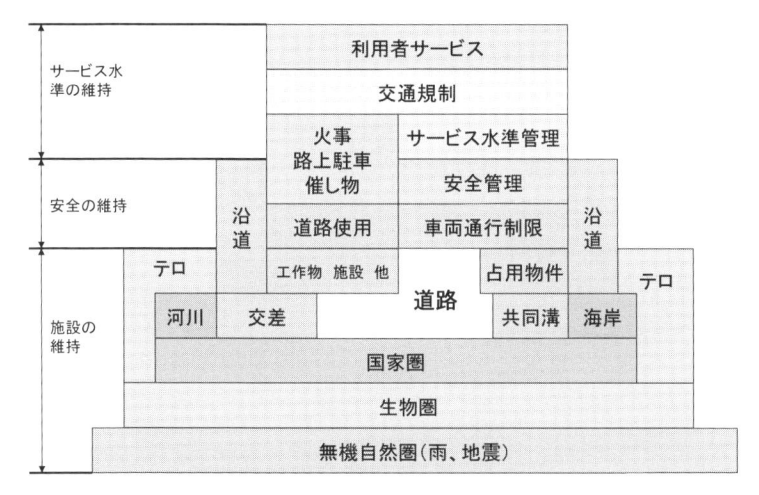

図4-1　道路管理者の災害への対処

　これに対しては、次の様な考え方を提案する。道路法29条にある"安全かつ円滑な交通を確保する"ことを阻害することを一つの災害とみなすのである。

　図4-1に示すように、道路は、国家圏の上に存在し、工作物・施設等から構成される。道路が構成され、交通が実現されている上に、安全管理のレベルがあり、さらにはサービスレベルが存在する。
　図の中で、施設の維持のレベルとは、道路を構成する条件を維持するレベルのことであるが、その災害とはそれら条件が成立しなくなるような事象をいい、地震によるのり面の崩落、橋脚の坐屈等の場合など、車での通行が出来なくなる状態をいう。
　安全の維持とは、道路施設が維持されていて、交通の安全を確保するレベルのことを言う。そこでの災害とは、トンネル内において$CO_2$濃度が高い、道路表面が氷結している等の場合であり、これらは道路使用や通行制限とも絡んでくる。
　サービス水準の維持とは、安全の維持が出来ている中で、定時定速性等の走行サービスレベルのことを言う。そこでの災害とは、落下物による車線規制、特定ICへの交通集中による渋滞発生等をいう。

つまり、それらの事象により道路管理者による安全で円滑な交通サービスを阻害されたと理解するのである。このように理解することで、道路管理者のすべての業務は、"交通阻害要因を除去すること"に関連付けられる。

## 2. 交通阻害要因の分類

交通阻害要因は、自然災害とそれ以外の災害（以後、人為的災害という）に分類され、具体的事象については表4-4のように整理される。

表4-4 交通阻害要因の分類

|  | 自然災害 | 自然災害以外の災害(人為災害) |
|---|---|---|
| 特徴 | 自然現象として現れる | 人間の営為を通して作り出された仕組みや環境により人為的、技術的に引き起こされる |
| 交通阻害要因<br>(具体的事象) | 地震<br>台風(雨、風)<br>洪水(雨)<br>降雪(凍結) | (人為的)<br>テロ<br>交通事故<br>路上障害物<br>車両火災<br>交通渋滞<br>(技術的)<br>オペレーションミス<br>公害 |

また、このような事象と高速道路の構造との関連、そして想定しうる災害状況とはどのようなものか、表4-5に示す。

表 4-5 災害の状況と道路構造

| 交通阻害要因 | | 想定しうる状況 | 道路構造 | | | | |
|---|---|---|---|---|---|---|---|
| | | | 高架 | 平場 | 半地下 | トンネル | 橋梁 |
| 自然災害 | 地震 | ・構造物・建物の倒壊や破壊 | ○ | | | | ○ |
| | | ・地盤の液状化による建築物の倒壊や道路の破損 | | ○ | | | |
| | | ・市街地の火災の炎・煙等による通行不能 | ○ | ○ | | | |
| | 雨 | ・排水能力を超えた降雨による通行不能 | | ○ | ○ | ○ | |
| | 風 | ・橋梁部(海上、河川上)、超高層ビル周辺部高架部での車の転倒 | ○ | | | | ○ |
| | 雪 | ・雪の凍結による走行不能 | ○ | ○ | | | ○ |
| 人為災害 | テロ等 | ・電力系断線:修復までにシステム停止、サービスは不可 | ○ | ○ | ○ | ○ | ○ |
| | 火災 | ・トンネル部火災による大規模火災とトンネル破損による長期通行不能 | | | ○ | ○ | |
| | 交通事故 | | ○ | ○ | ○ | ○ | ○ |
| | 渋滞 | | ○ | ○ | ○ | ○ | ○ |

# 3. 具体的被害想定とシステムへの影響

　交通阻害要因での想定しうる状況、それは過去の事例から推測することになる。

## （1）システムとの関連

・施設管制システム：電力監視制御が中心。トンネル部の照明や、トンネル換気（$CO_2$、$CO$ 等）は、道路の基本環境を形作ると言う意味で基本条件であった。しかし、昨今の自動車の改良により、煤煙や排気ガス排出のレベルは格段に向上した。また、照明については車のライトがある以上、長大トンネルの場合を除き、最悪ヘッドライトの照明で通行可能であろうという見方もある。

　しかし、電力供給の障害は、そのシステム運用を不可能にする。その影響は計り知れない。どのような災害が発生してもシステムを運用するために、電力確保が最優先となる

・トンネル（TN）防災システム：消防隊や道路管理者によるトンネル内事故火

災への対処を支援するシステムであり、長大トンネルがある現在、最も重要なシステムである。トンネル火災発生時の排煙の課題は重要である。通常時の換気の必要性等の環境は大きく向上したが、火災発生時の排煙制御の問題は何も変わっていない。

・交通管制システム：渋滞を少しでも抑制できるように、また事故があった場合にはいち早く交通の回避を伝えるなど事故・渋滞の交通阻害要因への対応システムとも言える。雪や風等の気象障害についても同様である。しかし、交通管制システムのデータが欠如した場合、サービスの低下はあるもののそれによる大きな損失はないと想定される。

・ＥＴＣ：自動料金収受システムであり、自動化の実現で料金所渋滞はなくなり、様々な料金割引サービスも行なわれている。災害等によって、システムが停止するとサービスが出来なくなり、手動でしか課金処理が出来ない。また、災害等でデータが失われると、有料道路会社としての課金処理（請求手続き等）が出来なくなり、大きな損失につながる。

**（2）地震への対処**

地震については、表4-6に示すように、マグニチュード7（以下M7）レベルの地震は何時発生してもおかしくない状況である。では、M7レベル（震度でいうと6弱から6強）で、道路環境の被災状況をどう想定するか、道路を取り巻く環境をどのように想定するかという課題がある。

阪神淡路大地震の例を見ると、かなりの対策を打っているにもかかわらず、橋脚が坐屈しており、地震のレベル、内容によってどのような事態になるか首都高速においてもその推定は難しい。

首都高速道路は、大地震の際には、緊急輸送路として、警察・消防・自衛隊等の車が優先的に走る道路と想定される。その際、システムによるサービスは基本的に必要としない。緊急輸送のために、車が走れるかどうかというレベルの問題となるからである。ただし、高速道路上に設置しているCCTVからの映像は地域の実情を伝える有効な手段として、中央防災会議でも有用と指摘されている。

中央防災会議では、道路橋の被災、沿道建築物の倒れこみ、渋滞等による通行障害が発生しても、1日以内に緊急通行車両等の通行機能を確保できるようにすることを提示している。

第 2 章　リスクの検討

表 4-6　災害の発生頻度と被害規模

| 交通阻害要因 || 災　害　の　実　態 |||
|---|---|---|---|---|
| ^^ || 事例／想定する発生頻度 | 死者行方不明 | 被害／想定被害 |
| 自然災害 | 地震 | 平成 7 年阪神淡路大震災（M7） | 6,427 人 | 約 10 兆円 |
| ^^ | ^^ | 想定：数回／100 年　首都直下地震＊ | 4,200 人～11,000 人 | 94～112 兆円 |
| ^^ | 雨 | カスリーン台風（昭和 22 年） | 1,910 人 | |
| ^^ | ^^ | 想定：1 回／30～40 年 | | |
| ^^ | 風 | 台風 20 号（昭和 54 年）最大瞬間風速 38.2m/s | | 4～5 台まとまって横転（事故） |
| ^^ | ^^ | 想定：数回／年 | | |
| ^^ | 雪 | 想定：2～3 回／冬季シーズン | | 路面凍結による通行止め発生 |
| 人為的災害 | テロ等 | 江戸川架線事故(2006.8)　非常に稀 | | 約 5 時間電源供給停止 |
| ^^ | 火災 | 日本坂トンネル火災事故（1979） | 7 人死亡、172 台消失 | 67 億円の被害 |
| ^^ | ^^ | 1 回／年ほどトンネル内で消火作業 | | |
| ^^ | 交通事故 | 平成 24 年 196 件の事故＊2 | 225 人死亡＊2 | |
| ^^ | 渋滞 | 毎日 | | |

＊M8 クラスの地震（関東大地震規模）は、200～300 年間隔で発生するものと想定され、現在は、1923 年から 90 年経過したところであり、次に発生するのは、今後 100 年先から 200 年ほど先と想定されている。M7 クラスの首都直下地震は、次の関東大地震までの間に数回発生することが予想されている。

＊2　全高速道路の値

(3) 雨、風、雪への対処

都市内高速道路であることから、この対応は大分限られたものになる。しか

し、過去の事例を十分に把握しておく必要がある。

　雨については、高架道路が多く、また半地下部分での排水能力を問われたことはない。しかし、最近の集中豪雨では、時間降水量が80mmを超えることもあり、今一度排水能力を点検する必要がある。

　交通管制室等が設置されている社屋の地下電源設備が、排水能力不足で電源供給できなくなるような事態があってはならない。

　風については、現在風速25m以上では通行止めを行なっていることもあり特に問題はない。しかし、過去には4から5台の車がまとまって横転する事故が発生しており、そのような事例をしっかりと知っておく必要がある。高層ビルが増える中でビル風の危険性もある。

　雪については、昨今少なくなった。30年程前には、年に2から3回は雪と凍結で通行止めになった。

### (4) テロ等への対処

　サイバーテロが発生した場合には、インターネットを通じた様々なサービスが出来ない自体が発生する。しかし、システム的な対策（ファイアウォール等）により外部攻撃からシステムを保護している。

　電力系設備が、テロ等により切断等された場合は、その影響が大きい。電源復旧や他ルートからリカバリ出来ることが望ましい。しかしながら、テロ等については打つ手は限られる。

### (5) 建屋の火災への対処

　建屋の火災については、その可能性はないことはないであろうが、通常よりも火災対策を強化している建築物である。この建屋が火災にあう可能性のためバックアップシステムを作ると言うストーリーは、どこまで説得性があるか疑問である。

　ただし、極めて低い発生率だが、もし発生すると、ETCシステムの場合は、課金データの消失が発生する。もし1か月分の課金データの消失があれば、2,500億円×0.8/12＝167億円（ETC利用率80％の場合）の損失につながる。会社経営のリスク回避からバックアップシステムが必要であるとも言える。

## 4. システムの基本機能としてのリスク対応

　ここでは、視点を変えて、システムそのものがリスクへの対応機能として構

築されている旨を以下に示す。

三つの階層と道路構造とそれに対応したシステムについてまとめたのが次の図4-2である。

| システムの階層 | 道路管理機能 | 地理的状況 ||| システム |||||
|---|---|---|---|---|---|---|---|---|---|
| | | 平場 | トンネル | 山間部 | 施設管制 | TN防災 | 気象 | 交通管制 | 料金収受 |
| サービス水準の維持 | 料金収受<br>情報提供<br>通行規制等<br>交通流監視<br>電話受信 | ○ | ○ | ○ | | | ○ | ○ | ○ |
| 安全の維持 | 気象観測<br>火災抑制 | ○ | ○ | ○ | ○ | ○ | | | |
| 施設の維持 | 換気＆排煙<br>照明制御<br>電力監視制御 | | ○ | | ○ | | | | |
| 共通 | CCTV＆パトロール<br>道路台帳 | ○ | ○ | ○ | ○ | ○ | ○ | ○ | ○ |

図4-2 道路構造とシステム

施設管制システムは、電力系（受電配電設備）を中心に監視体制を作っており、何らかの異常に対して24時間の監視体制を作っている。トンネル部における換気制御も同様であるが、前にも述べたように、車の排気ガスは減少しており、この辺の位置づけはこの20年間で変わってきている。

トンネル防災システムは、トンネル部での事故や火災の発生に備えたシステムである。

首都高速道路においては、幸いにもこの30年間（1979年日本坂トンネル火災事故以来）大きな事故は発生していないが、毎年一度ほどトンネル部で火災が発生し消火作業が行なわれていることから、ハインリッヒの法則*によると、大きな事故が発生してもおかしくない状況とも言える。

気象（風や凍結）については、交通管制システムの一機能として、情報の収集と情報提供、さらには通行制限等を行なっている。

渋滞情報や事故情報の提供は、交通の集中や事故地点の回避を促すことから、交通阻害要因の排除のためのシステムとも言える。

*ハインリッヒの法則は、労働災害における経験則の一つである。一つの重大事故の背後には29の軽微な事故があり、その背景には300の異常が存在するというもの。

# 第3章 自然災害と道路管理

## 1. 災害を受けやすい日本の国土[*4]

　我が国は、その位置、地形、地質、気象などの自然条件から、台風、豪雨、洪水、土砂災害、地震、津波、火山噴火などによる災害が発生しやすい国土となっている。世界全体に占める日本の災害発生割合は、マグニチュード6以上の地震回数20.7%、活火山数7.0%、死者数0.4%、災害被害額13.0%など、世界の0.25%の国土面積に対し、非常に高くなっている。

　有感地震は、平成19年は2,098回（平成18年は1,343回）であった。また火山については、平成19年は桜島及び諏訪之瀬島において噴火が観測された。（1998年から2007年、1977年から2006年の合計であり、2011年の東日本大震災は入っていない）

### (1) 台風、豪雨、豪雪

　我が国は、概ね温帯に位置し、春夏秋冬のいわゆる四季が明瞭に現れる。そして、四季の様々な気象現象として現れる台風、大雨、大雪などは、時に甚大な被害をもたらすことがある。

　春から夏への季節の変わり目には、梅雨前線が日本付近に停滞し、活動が活発になって多量の降雨をもたらす。

　また、夏から秋にかけて、熱帯域から北上してくる台風は、日本付近の天気に大きな影響を及ぼしており、毎年十数個の台風が接近（年平均10.8個）、数個が上陸（年平均2.6個）し、暴風雨をもたらしたり、前線の活動が活発となって大雨を降らせたりする。

　冬には、シベリア大陸から吹き出す乾燥した強い寒気が日本海海上で水蒸気の補給を受け、日本海側の地域に世界でもまれにみる大雪の降雪・積雪をもたらし、しばしば豪雪による被害が発生している。

### (2) 洪水、土砂災害

　我が国は、その急峻な地形ゆえに、河川は著しく急勾配であり、ひとたび大

雨に見舞われると急激に河川流量が増加し、洪水などによる災害が起こりやすくなっている。特に、洪水時の河川水位より低い洪積平野を中心に人口が集中し、高度な土地利用が行われるなどの国土条件の特徴と相まって、河川の氾濫等による被害を受けやすい。

また、我が国は、急峻な山地や谷地、崖地が多いうえに、地震や火山活動も活発である等の国土条件に、台風や豪雨、豪雪に見舞われやすいという気象条件が加わり、土石流、地滑り、崖崩れ等の土砂災害が発生しやすい条件下にある。特に、近年の林地や傾斜地またはその周辺における都市化の進展など土地利用の変化と相まって、土砂災害による犠牲者は、自然災害による犠牲者の中で大きな割合を占めている。

(3) 地震、津波、火山災害

地震の震源と火山のほとんどは、ともに地球上の特定の場所に帯状あるいは線状に細長く分布している。これらの分布と世界のプレートの分布を比較すると、地震の震源や火山の集中しているところはほとんどにはプレートとプレートの境界があることが分かる。(図4-3 世界の震源分布とプレート、図4-4 世界の主な火山)

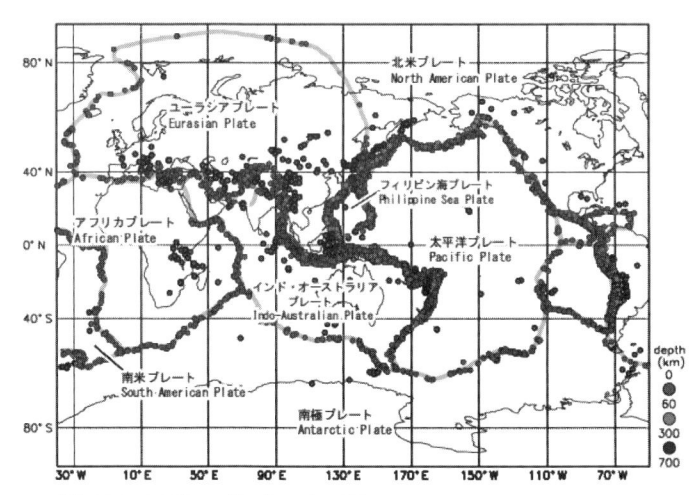

(注) 1998～2007年、マグニチュード5以上。
資料：アメリカ地質調査所の震源データをもとに気象庁において作成。

図4-3　世界の震源分布とプレート

我が国は、海洋プレートと大陸プレートの境界に位置しているため、プレートの沈み込みにより発生するプレート境界型の巨大地震、プレートの運動に起因する内陸域の地殻内地震などが発生している。

　また、四方を海に囲まれ、海岸線は長く複雑なため、地震の際の津波による大きな被害も発生しやすい。

　さらに、我が国は、環太平洋火山帯に位置し、全世界の 7.0%に当たる 108 の活火山が分布している。

　一方、自然災害をもたらす自然の力は、火山周辺地域における温泉や美しい風景、豊かな水資源などの恵みをもたらしている。有珠山の周辺のように、「火山との共生」を目指した地域づくりを行っているところも見られる。

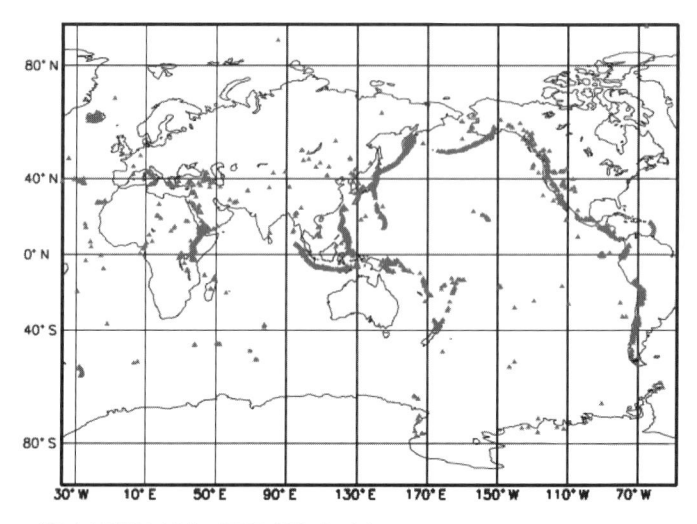

(注) 火山は過去おおむね一万年間に活動のあったもの。
資料：スミソニアン自然史博物館（アメリカ）のGrobal Volcanism Programによる火山データをもとに気象庁において作成。

図4-4　世界の主な火山

## 2. 台風と道路管理

前章で述べたように、道路管理上、大雨や強風をもたらす台風については、道路管理者も日常の管理の一項目に位置づけている。強い風により車も横転したりする。また飛ばされた事例もある。以下には、平成21年(2009年)に発生した台風18号と道路管理について報告する。

### (1) 台風18号の概況[*5]

2009年9月29日にマーシャル諸島で発生した。西北西に進路を取り、トラック諸島・北マリアナ諸島を経たのち、10月7日に日本に接近。南西諸島の東の海上で進路を北東に変え、10月8日早朝に愛知県の知多半島から上陸、本州中央を北東に縦断した。日本に接近して上陸するまで伊勢湾台風とほぼ同じコースを進んだ。(図4-5、図4-6)

### (2) 関東地区での被害

茨城県土浦市と龍ヶ崎市、千葉県九十九里町と山武市では竜巻が発生した。被害の大きかった土浦市では計106棟（非住家等・49棟）が被害に遭い、全壊1棟（同・16棟）・半壊11棟（同・7棟）・一部破損94棟（同・26棟）に上った。龍ヶ崎市では計114棟（非住家等・40棟）のうち全壊0棟（同・13棟）・半壊が5棟（同・1棟）・一部破損109棟（同・26棟）・ビニールハウス7棟・車両被害19台であった。九十九里町と山武市では計37棟（同・31棟）が被害に遭い、全壊が1棟（同・10棟）・半壊0棟（同・7棟）・一部破損36棟（同・14棟）であった。

### (3) 首都高速道路の運用

首都高速道路では、10月8日7時30分より、強風のため通行止を行なっている。ここでは、荒川橋とレインボーブリッジの自動気象計測記録と11号台場線、湾岸線の運用記録を取り上げた。

荒川橋では、8時00分に最大風速37m/sを記録している。

昭和54年10月19日、この荒川橋の上で、5台のトラック、保冷車が横転している。そのときの風速は37m/sであった[*6]。　今回10月8日は、7時30分より通行止めを行なっており、事故等の報告は何らされていない。

一方、レインボーブリッジの最大風速は、7時40分に39.0m/sを記録している。台場線は、7時39分より通行止め規制を行なっている。この最大風速は、

第4編　道路管理とリスク

表4-7　自動気象記録（風向／風速）平成21年10月8日

| 時刻 | 風向 | 風速(m/s) AVE | MAX | G·F | 強風 |
|---|---|---|---|---|---|
| 7:10 | 南南東 | 8.0 | 20.0 | 2.5 | |
| 7:20 | 南 | 9.0 | 21.0 | 2.4 | |
| 7:30 | 南 | 9.0 | 20.0 | 2.3 | |
| 7:40 | 南南西 | 10.0 | 27.0 | 2.7 | |
| 7:50 | 南 | 13.0 | 30.0 | 2.3 | 2.0 |
| 8:00 | 南 | 18.0 | 37.0 | 2.1 | 2.0 |
| 8:10 | 南 | 18.0 | 31.0 | 1.8 | 2.0 |
| 8:20 | 南 | 14.0 | 30.0 | 2.2 | 2.0 |
| 8:30 | 南 | 15.0 | 29.0 | 2.0 | 2.0 |
| 8:40 | 南南西 | 15.0 | 30.0 | 2.0 | 2.0 |
| 8:50 | 南 | 17.0 | 31.0 | 1.9 | 2.0 |
| 9:00 | 南南西 | 17.0 | 33.0 | 2.0 | 2.0 |
| 9:10 | 南 | 17.0 | 34.0 | 2.0 | 2.0 |
| 9:20 | 南 | 16.0 | 32.0 | 2.0 | 2.0 |
| 9:30 | 南 | 15.0 | 30.0 | 2.0 | 2.0 |
| 9:40 | 南南西 | 12.0 | 29.0 | 2.5 | 2.0 |
| 9:50 | 南南西 | 12.0 | 26.0 | 2.2 | |
| 10:00 | 南南西 | 12.0 | 28.0 | 2.4 | |
| 10:10 | 南南西 | 12.0 | 27.0 | 2.3 | |
| 10:20 | 南南西 | 13.0 | 28.0 | 2.2 | 2.0 |
| 10:30 | 南 | 14.0 | 25.0 | 1.8 | 2.0 |
| 10:40 | 南南西 | 12.0 | 28.0 | 2.4 | |
| 10:50 | 南南西 | 14.0 | 28.0 | 2.0 | 2.0 |
| 11:00 | 南南西 | 12.0 | 26.0 | 2.2 | |
| 11:10 | 南 | 14.0 | 25.0 | 1.8 | 2.0 |
| 11:20 | 南南西 | 13.0 | 24.0 | 1.9 | 2.0 |
| 11:30 | 南西 | 12.0 | 24.0 | 2.0 | |
| 11:40 | 南 | 10.0 | 24.0 | 2.4 | |
| 11:50 | 南西 | 10.0 | 19.0 | 1.9 | |
| 12:00 | 南 | 10.0 | 20.0 | 2.0 | |

レインボーブリッジ

| 時刻 | 風向 | 風速(m/s) AVE | MAX | G·F | 強風 |
|---|---|---|---|---|---|
| 7:10 | 南 | 9.0 | 22.0 | 2.5 | |
| 7:20 | 南南東 | 19.0 | 30.0 | 1.6 | 2.0 |
| 7:30 | 南 | 19.0 | 28.0 | 1.5 | 2.0 |
| 7:40 | 南 | 23.0 | 39.0 | 1.7 | 1.0 |
| 7:50 | 南 | 21.0 | 30.0 | 1.5 | 1.0 |
| 8:00 | 南 | 21.0 | 36.0 | 1.8 | 1.0 |
| 8:10 | 南南西 | 21.0 | 30.0 | 1.5 | 1.0 |
| 8:20 | 南 | 21.0 | 33.0 | 1.6 | 1.0 |
| 8:30 | 南南西 | 23.0 | 34.0 | 1.5 | 1.0 |
| 8:40 | 南 | 26.0 | 37.0 | 1.5 | 1.0 |
| 8:50 | 南 | 26.0 | 37.0 | 1.5 | 1.0 |
| 9:00 | 南 | 25.0 | 39.0 | 1.6 | 1.0 |
| 9:10 | 南 | 25.0 | 37.0 | 1.5 | 1.0 |
| 9:20 | 南 | 23.0 | 34.0 | 1.5 | 1.0 |
| 9:30 | 南 | 22.0 | 33.0 | 1.5 | 1.0 |
| 9:40 | 南南西 | 20.0 | 33.0 | 1.7 | 2.0 |
| 9:50 | 南南西 | 16.0 | 25.0 | 1.6 | 2.0 |
| 10:00 | 南南西 | 17.0 | 29.0 | 1.7 | 2.0 |
| 10:10 | 南西 | 18.0 | 29.0 | 1.7 | 2.0 |
| 10:20 | 南西 | 17.0 | 31.0 | 1.9 | 2.0 |
| 10:30 | 南西 | 20.0 | 30.0 | 1.5 | 1.0 |
| 10:40 | 南 | 21.0 | 31.0 | 1.5 | 1.0 |
| 10:50 | 南南西 | 20.0 | 34.0 | 1.7 | 1.0 |
| 11:00 | 南西 | 17.0 | 24.0 | 1.5 | 2.0 |
| 11:10 | 南西 | 16.0 | 24.0 | 1.5 | 2.0 |
| 11:20 | 南西 | 18.0 | 29.0 | 1.7 | 2.0 |
| 11:30 | 南南西 | 19.0 | 29.0 | 1.6 | 2.0 |
| 11:40 | 南南西 | 17.0 | 29.0 | 1.7 | 2.0 |
| 11:50 | 南南西 | 16.0 | 28.0 | 1.8 | 2.0 |
| 12:00 | 南南西 | 18.0 | 29.0 | 1.7 | 2.0 |

周期：正10分　AVE:過去10分平均　MAX:過去10分最大　G·F(ガストファクタ):MAX/AVE

表4-8　異常事態運用記録（平成21年10月8日）

| 路線 | 方向 | イベントNO | イベント種別 | 発生日時 | 終了日時 | 道路種別 | 付加 | 地点KP | 形態 | 閉鎖車線状況 |
|---|---|---|---|---|---|---|---|---|---|---|
| 11号台場線 | 下り | 29 | 異常気象 | 7:39 | 14:01 | 本線 有明JCT | 全 | 0.00 | 強風 | 通行止 |
| 11号台場線 | 上り | 30 | 異常気象 | 7:39 | 14:01 | 本線 有明JCT | 全 | 0.00 | 強風 | 通行止 |
| 湾岸線(3) | 東行 | 266 | 異常気象 | 7:30 | 11:41 | 本線 本線 | | 44.50 34.51 | 強風 | 通行止 |
| 湾岸線(3) | 西行 | 267 | 異常気象 | 7:30 | 11:42 | 本線 本線 | | 33.20 44.69 | 強風 | 通行止 |
| 湾岸線(4) | 東行 | 269 | 異常気象 | 7:30 | 11:41 | 本線 本線 | | 44.93 47.56 | 強風 | 通行止 |
| 湾岸線(4) | 西行 | 271 | 異常気象 | 7:30 | 11:42 | 本線 本線 | | 44.70 47.08 | 強風 | 通行止 |
| 湾岸線(5) | 東行 | 272 | 異常気象 | 7:30 | 11:44 | 本線 本線 | | 47.57 62.10 | 強風 | 通行止 |
| 湾岸線(5) | 西行 | 274 | 異常気象 | 7:30 | 11:41 | 本線 本線 | | 47.09 62.08 | 強風 | 通行止 |

7時40分の前10分間での最大風速であり、通行止め規制の前後に発生したことになる。もし、横転事故等が規制前に発生した場合には、道路管理者は瑕疵

責任を問われることになる。

7時10分ではAVE9.0m/s、7時20分ではAVE19.0m/sに急上昇している。この時点で早急に規制を行う必要があった。

前述の昭和54年の事故の場合、台風20号が新潟県南部を通過している。

今回の台風18号も同じように、本州を縦断したものであり、南風が大きくなることは予想されていた。一つ間違えば、大きな事故につながることを肝に銘ずるべきと思われる。

さらにいうと、昭和56年の報告でも指摘しているように、ビル風（コーナーエフェクト）も気になる。昭和56年と違い、高層ビルが樹立している。高層ビルの近くを通る道路にどのような影響、事故が想定されるか調査が必要とされる。

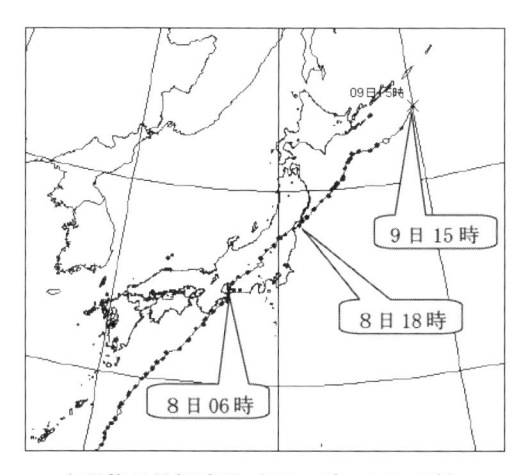

台風第18号経路図（7日01時〜9日15時）

図4-5　台風18号の経路

第４編　道路管理とリスク

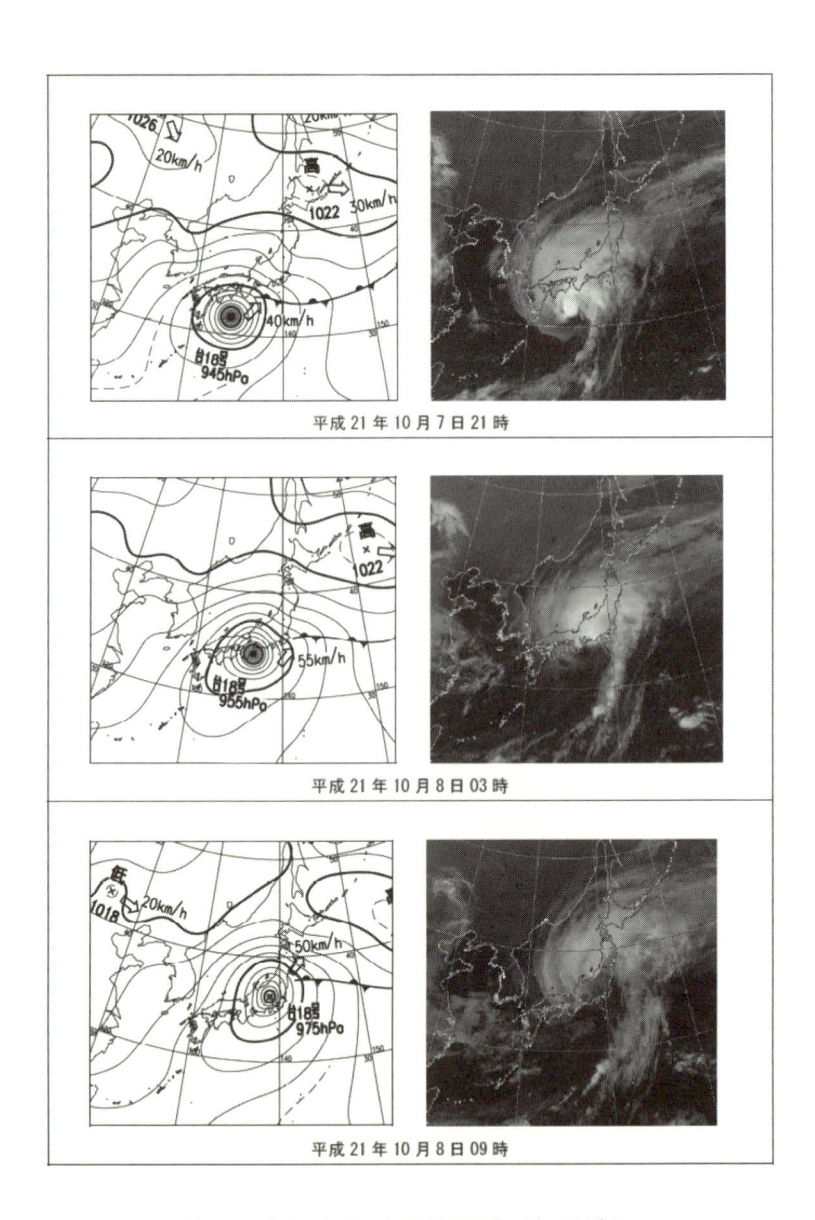

図 4-6　地上天気図、気象衛星画像（赤外画像）

第3章　自然災害と道路管理

## 3. ベトナムの自然災害[*7]

　ベトナム（Vietnam）は、南東アジアに位置し、熱帯モンスーン地域に当る。また、アジア太平洋地域の最も危険な地域でもある。

　それは地形上、台風や、洪水、干ばつ、海水の浸入、地滑り、森林火災、地震等の影響を受けやすいからである。特に台風と洪水は最もその危険性が高い。

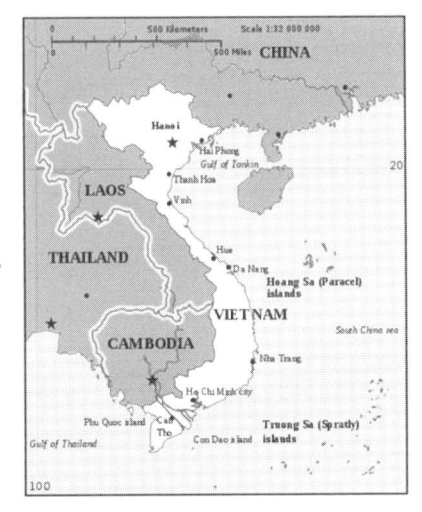

図4-7　熱帯モンスーン地帯にあるベトナム

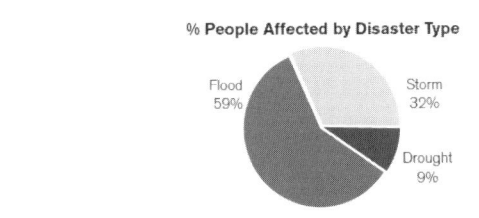

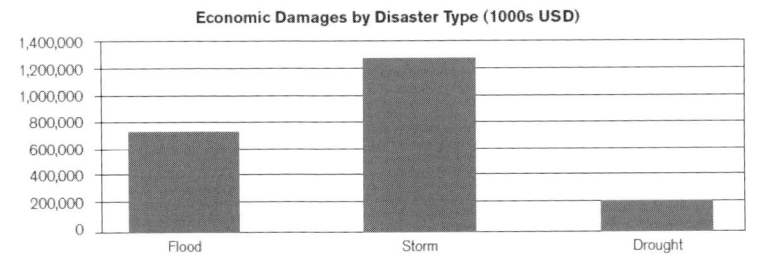

図4-8　災害の種類と被災者、経済損失

- 143 -

表 4-9　災害の発生頻度

**Relative Disaster Frequency**

| High | Medium | Low |
|---|---|---|
| Flood | Hail rain/tornado | Earthquake |
| Typhoon | Drought | Accident (technology) |
| Inundation | Landslide | Frost |
|  | Flash flood | Damaging cold |
|  | Fire | Deforestation |

毎年、自然災害にて 750 人の死者が出ている。その経済的損失は GDP の 1.5%に相当する。

表 4-10　最近１０年間の主な災害

Vietnam – Major Hazardous Events of the Decade (1999-2008)

| Year | Event | No. of people dead | No. of people injured | No. of people missing | Economic loss (VND billion) | Areas affected |
|---|---|---|---|---|---|---|
| 2008 | Storm Kammuri | 133 | 91 | 34 | 1,939.733 | 9 North and Central provinces |
| 2007 | Storm Lekima | 88 | 180 | 8 | 3,215.508 | 17 North and Central provinces |
| 2006 | Storm Xangsane | 72 | 532 | 4 | 10,401.624 | 15 Central and Southern provinces in |
| 2005 | Storm No. 7 | 68 | 28 |  | 3,509.150 | 12 North and Central provinces |
| 2004 | Storm No. 2 | 23 | 22 |  | 298.199 | 5 Central provinces |
| 2003 | Rains and floods | 65 | 33 |  | 432.471 | 9 Central provinces |
| 2002 | Flooding | 171 |  |  | 456.831 | The Mekong River Delta |
| 2001 | Flooding | 393 |  |  | 1,535.910 | The Mekong River Delta |
| 2000 | Flash Floods (July) | 28 | 27 | 2 | 43.917 | 5 Northern provinces |
| 1999 | Floods | 595 | 275 | 29 | 3,773.799 | 10 Central provinces |

Source: CCFSC's Website, Historical Disaster Database, http://www.ccfsc.org.vn/ndm%2Dp/?module=800&sid=NDMP&mnid=67

# 第4章
# 地震と道路管理

　平成7年（1995）1月17日に発生した兵庫県南部地震は、都市直下型M7.3の地震であり、道路インフラにも多大な被害をもたらした。一方、平成23年（2011）3月11日に発生した東日本大地震は、海溝型M9.0という巨大地震であった。この二つの震災の比較表を表4-11に示す。

図4-9 見渡す限り津波に破壊された陸前高田市

　兵庫県南部地震については、平成9年に阪神道路株式会社が「震災復旧日誌」[*8]を出版している。非常に貴重な資料であり、電気・通信・交通管制に係る部分を拾い紹介したい。また、被災直後の対応と復旧計画についても述べられており、原本を手に取り学ぶべきと思われる。

図4-10 倒壊した阪神高速道路
（震災資料保管庫　一般財団法人阪神高速道路技術センター資料より）

表 4-11　阪神・淡路大地震と東日本大地震の比較[*9]

| | 阪神・淡路大震災 | 東日本大震災 |
|---|---|---|
| 発生日時 | 平成7年1月17日5：46 | 平成23年3月11日14：46 |
| マグニチュード | 7.3 | 9.0 |
| 地震型 | 直下型 | 海溝型 |
| 被災地 | 都市部中心 | 農林水産地域中心 |
| 震度6弱以上県数 | 1県（兵庫） | 8県（宮城，福島，茨城，栃木，岩手，群馬，埼玉，千葉） |
| 津波 | 数十cmの津波の報告あり，被害なし | 各地で大津波を観測（最大波 相馬9.3m以上，宮古8.5m以上，大船渡8.0m以上） |
| 被害の特徴 | 建築物の倒壊。長田区を中心に大規模火災が発生。 | 大津波により，沿岸部で甚大な被害が発生。多数の地区が壊滅。 |
| 死者 行方不明者 | 死者6,434名 行方不明者3名（平成18年5月19日） | 死者15,270名 行方不明者8,499名（平成23年5月30日現在） |
| 住家被害（全壊） | 104,906 | 102,923（平成23年5月26日現在） |
| 災害救助法の適用 | 25市町（2府県） | 241市区町村（10都県）（※）長野県北部を震源とする地震で適用された4市町村（2県）を含む |
| 震度分布図（震度4以上を表示） | | |

(内閣府資料)

　東日本大震災については、「高速道路と自動車」9月号（2011）に特集が組まれており、この中から、東北整備局の取り組みとITS-Japanの取り組みを紹介したい。

　表4-12は明治以降の我が国の主な被害地震である。

第 4 章　地震と道路管理

表 4-12　我が国の主な地震（明治以降）

| 災　害　名 | | 年　月　日 | 死者・行方不明者数 |
|---|---|---|---|
| 濃尾地震 | (M8.0) | 1891 年（明治24年）10月28日 | 7,273 名 |
| 明治三陸地震津波 | (M8$\frac{1}{4}$) | 1896 年（明治29年）6月15日 | 約22,000 名 |
| 関東大地震 | (M7.9) | 1923 年（大正12年）9月 1日 | 約105,000 名 |
| 北丹後地震 | (M7.3) | 1927 年（昭和2年）3月 7日 | 2,925 名 |
| 昭和三陸地震津波 | (M8.1) | 1933 年（昭和8年）3月 3日 | 3,064 名 |
| 鳥取地震 | (M7.2) | 1943 年（昭和18年）9月10日 | 1,083 名 |
| 東南海地震 | (M7.9) | 1944 年（昭和19年）12月 7日 | 1,251 名 |
| 三河地震 | (M6.8) | 1945 年（昭和20年）1月13日 | 2,306 名 |
| 南海地震 | (M8.0) | 1946 年（昭和21年）12月21日 | 1,443 名 |
| 福井地震 | (M7.1) | 1948 年（昭和23年）6月28日 | 3,769 名 |
| 十勝沖地震 | (M8.2) | 1952 年（昭和27年）3月 4日 | 33 名 |
| 1960年チリ地震津波 | (Mw9.5) | 1960 年（昭和35年）5月23日 | 142 名 |
| 新潟地震 | (M7.5) | 1964 年（昭和39年）6月16日 | 26 名 |
| 1968年十勝沖地震 | (M7.9) | 1968 年（昭和43年）5月16日 | 52 名 |
| 1974年伊豆半島沖地震 | (M6.9) | 1974 年（昭和49年）5月 9日 | 30 名 |
| 1978年伊豆大島近海地震 | (M7.0) | 1978 年（昭和53年）1月14日 | 25 名 |
| 1978年宮城県沖地震 | (M7.4) | 1978 年（昭和53年）6月12日 | 28 名 |
| 昭和58年（1983年）日本海中部地震 | (M7.7) | 1983 年（昭和58年）5月26日 | 104 名 |
| 昭和59年（1984年）長野県西部地震 | (M6.8) | 1984 年（昭和59年）9月14日 | 29 名 |
| 平成 5 年（1993年）北海道南西沖地震 | (M7.8) | 1993 年（平成5年）7月12日 | 230 名 |
| 平成 7 年（1995年）兵庫県南部地震 | (M7.3) | 1995 年（平成7年）1月17日 | 6,437 名 |
| 平成16年（2004年）新潟県中越地震 | (M6.8) | 2004 年（平成16年）10月23日 | 68 名 |
| 平成20年（2008年）岩手・宮城内陸地震 | (M7.2) | 2008 年（平成20年）6月14日 | 23 名 |
| 平成23年（2011年）東北地方太平洋沖地震 | (Mw9.0) | 2011 年（平成23年）3月11日 | （死者）15,270 名<br>（行方不明者）<br>8,499 名 |

（注）1　戦前については死者・行方不明者が1,000名を超える被害地震、戦後については死者・行方不明者が20名を超える被害地震を掲載した。
　　　2　関東地震の死者・行方不明者数は、理科年表（2006年版）の改訂に基づき、約142,000名から約105,000名へと変更した。
　　　3　兵庫県南部地震の死者・行方不明者については平成17年12月22日現在の数値。いわゆる関連死を除く地震発生当日の地震動に基づく建物倒壊・火災等を直接原因とする死者は、5,521名。
　　　4　東北地方太平洋沖地震については速報値（平成23年5月30日現在）。
　　　　　　　　　　　　　　　　資料：理科年表、消防庁資料、日本被害地震総覧、緊急災害対策本部資料

## 1. 兵庫県南部地震[*8]

### (1) 被災状況
電気・通信・交通管制施設の被災状況の調査は、下記の手法で実施した。
① **遠隔監視システムによる調査**
遠隔監視を行なっている電力設備、通信設備、交通管制設備は、地震発生直後、中央監視システムによりリアルタイムに被災状況の概要を把握した。
② **目視点検調査**
設備全般にわたって目視による点検調査を行い、その実態を把握した。
③ **構造、機能、稼動状況確認**
点検要綱に基いて構造、機能、稼動状況の調査、確認を行なった。
④ **検証試験**
一部の基幹装置や精密機器類については、外観や機能に異常がなくとも、内部にストレスが発生している可能性があるため、これの検証試験を行なった。

(a) 電力

阪神高速道路の電力施設は、高速道路の諸施設へ電力を供給する電源設備と、この電源設備を運転・監視する電力遠制システムで構成されている。

電源設備には、受配電設備・非常用自家発電設備・無停電電源設備があり、受配電設備は、電力会社から供給される電力の受電設備、路線上に約 1.5km 間隔に設置された変電塔設備、それらを結ぶ高圧ケーブルで構成される。

非常用自家発電設備・無停電電源設備は、重要な施設や機器へのバックアップ電源として、受電所あるいは料金所、トンネルに設置されている。

また、電力遠制システムは、遠制親局と子局で構成され、親局は庁舎の監視室に、子局は受電室や変電塔に設置されている。

これらの電力施設は、大阪、湾岸、神戸、北神戸の 4 地区に分割され、それぞれ四つ橋、港晴、京橋、藍那において管理している。

第 4 章　地震と道路管理

表 4-13 電力施設の設置数量と被災数

|  |  | 大阪 |  |  | 湾岸 |  | 神戸 |  | 北神戸 |  | 計 | 備考(設置場所) |
|---|---|---|---|---|---|---|---|---|---|---|---|---|
|  |  | 四つ橋 | 長田 | 朝潮橋 | 港晴 | 泉大津 | 京橋 | 深江浜 | 藍那 | 前開 |  |  |
| 受電設備 |  | 1 | 1 | 1 | 1 | 1 | 1<br>*1 | 1<br>*1 | 1<br>*1 | 1<br>*1 | 9<br>(4) | 庁舎または受電所 |
|  | 受電電圧(KV) | 22 | 6.6 | 6.6 | 6.6 | 6.6 | 33 | 6.6 | 6.6 | 6.6 |  |  |
|  | 契約電力(KW) | 2,250 | 700 | 900 | 1,400 | 820 | 1,900 | 900 | 329 | 246 |  |  |
| 自家発電設備 |  | 1 | 0 | 1 | 1 | 1 | 1(1) | 1(1) | 1 | 1 | 8(2) |  |
|  | 容量(KVA) | 1350 | — | 1250 | 1300 | 900 | 1500 | 1000 | 625 | 300 |  |  |
| 無停電電源設備 |  | 1 | 0 | 2 | 2 | 1 | 3 | 2 | 1 | 1 | 13 |  |
|  | 総容量(KVA) | 100 | — | 300 | 150 | 75 | 270 | 100 | 75 | 30 |  |  |
| 電力遠制 | 親局 | 1 | 1 | 1 | 1 | 0 | 1(1) | 0 | 1 | 1(1) | 5(2) |  |
|  | 子局 | 1 | 1 | 0 | 1 | 1 | 1 | 1 | 1 | 1 | 8 |  |
| 高圧ケーブル(Km) |  | 65.9 | 26.1 | 0 | 18.6 | 24.1 | *2<br>32.6 | *2<br>14.4 | 6.1 | 12.2 | *2<br>200 |  |
| 変電塔設備 |  | 50 | 20 | 0 | 22 | 16 | (5)<br>28 | (5)<br>12 | 5 | 7 | (10)<br>160 | 高速道路 |
| 電力遠制子局<br>*4 |  | (2)<br>41 | 15 | 0 | (4)<br>14 | 16 | (23)*3<br>23 | (5)*3<br>12 | 5 | 7 | (34)<br>133 |  |
| 低圧ケーブル |  | *2<br>1式 | 1式 | 1式 | *2<br>1式 | 1式 | *2<br>1式 | *2<br>1式 | *2<br>1式 | *2<br>1式 |  |  |
| 無停電電源設備<br>*5 |  | 20 | 8 | 0 | 9 | 10 | (8)<br>22 | 5 | 3 | 4 | (8)<br>81 | 料金所、トンネル |

注)1. (　)の数値は、被災設備数を示す
2. *1：停電で被災した受電所
3. *2：高・低圧ケーブルは、橋桁の傾斜や落下により各所で切断や破損
4. *3：神戸地区の遠制子局は、通信回線の切断により子局が停止
5. *4：変電塔および通信塔内に設置
6. *5：料金所は、ブース内に設置

表 4-14 電力施設の被災状況

| 設備 |  | 被災状況 | 被災範囲(時間・距離) | 備考 |
|---|---|---|---|---|
| 受電所 | 四つ橋 | 設備被災・停電被災ともになし |  | 概観構造点検<br>全体設備 |
|  | 長川 | 設備被災・停電被災ともになし |  |  |
|  | 朝潮橋 | 設備被災・停電被災ともになし |  |  |
|  | 港晴 | 設備被災・停電被災ともになし |  |  |
|  | 泉大津 | 設備被災・停電被災ともになし |  |  |
|  | 京橋 | 設備被災なし、ただし遠制親局ダウン | 深江浜系全区間14.4km数分間監視不能 | 傾き、移動変形、亀裂破損、扉開閉締め付け部、配管オイル漏れ、燃料漏れなど |
|  |  | 受電停電有、自家発異常で給電支障 | 京橋庁舎内2.5時間停電 |  |
|  | 深江浜 | 自家発燃料タンク沈下 |  |  |
|  |  | 受電停電有、自家発電で支障なし |  |  |
|  | 藍那 | 設備被災なし |  |  |
|  |  | 受電停電有、自家発電で支障なし |  |  |
|  | 前開 | 遠制ディスク異常発生 | 前開系全区間12.2km数分間監視不能 | 機能点検<br>全体設備 |
|  |  | 受電停電有、自家発電で支障なし |  |  |
| 高速道路 | 変電塔 | 本体の傾きや内部機器の損傷<br>(3号神戸線・5号湾岸線で各5箇所) |  | 稼動状況、通電状況.機器開閉操作など |
|  | 遠制子局 | 3号神戸線全戸局停止 | 京橋系全区間32.6km監視制御不能<br>期間は本線復旧まで |  |
|  |  | 5号湾岸線西宮港大橋以東子局停止 | 西宮系以東7.0km3日間監視制御不能 |  |
|  |  | 4号湾岸線・11号池田線6子局で異常 | 延べ約9km数分間監視不能 |  |
|  | 無停電源設備 | 転倒や扉壊<br>(3号神戸線・5号湾岸線で8箇所) |  | 動作試験<br>異常動作した設備 |
|  | 高圧・低圧ケーブル | 3号神戸線各所で切断損傷 | 京橋系全区間32.6km停電<br>期間は本線復旧まで | 動作機能試験、絶縁試験など |
|  |  | 5号湾岸線西宮港大橋東側で切断 | 西宮浜以東7.0km、3日間停電 |  |
|  |  | 全路線各所での損傷 | 各所の桁ずれ箇所 |  |

- 149 -

(b) 照明器具、照明柱
1）照明器具
　照明器具は種々の被災を受けており、その状況を表 4-15 に示す。具体的なものとしては、本体の落下、部品の破損およびランプ故障などである。

表 4-15　照明器具の被災状況

| | 被災箇所 | 被災現象 |
|---|---|---|
| 1 | 本体の FRP の接着部 | 本体がアームサポートよりはずれ落下 |
| 2 | ポール挿入部 | 金具の破損 |
| 3 | 本体外郭部のポール挿入部付近 | クラック |
| 4 | 透明カバープレート | 止めネジ破断 |
| 5 | ランプ（低圧ナトリウム） | ランプ発光管内ナトリウムがディンプルに戻らずフィラメントに付着 |

2）照明柱
　照明柱には、路面から高さ約 1～2m の位置に幅 13cm、長さ 60cm 程度の安定器収納用開口部を設けている。照明柱の損傷は、その開口部周辺の変形（座屈）がほとんどであった。
　表 4-16 に照明柱の路線別の被災状況を示す。表中、Y 型とは中央分離帯に設置され、上下線を同時に照明するための Y 形をした照明柱で、L 型とは上下線が分離した区間やランプ部に使用される照明柱である。
　照明柱の型式別の被災本数は、Y 型で 1,103 本（4,106 本の 27%）、L 型で 798 本（6,925 本の 12%）となっており、Y 型の被災率が高い。なお、一般の土工部に建柱された照明柱に被害はなかった。

(c) 通信
　高速道路上の非常電話、可変式標識板などの情報や制御信号は、通信塔を経由し、大阪管理部朝潮橋交通管制センター、神戸管理部京橋交通管制センター、湾岸管理部港晴交通管制センターに集約されている。そして、大阪管理部朝潮橋交通管制センターと神戸及び湾岸の管理部各交通管制センターとの間は、光通信ケーブルで接続されていた。これらの通信ケーブルは電力ケーブルと同様に、高速道路の高架橋桁下に設置されたケーブルラック上に敷設され、また通信塔は、高架橋脚部の架台上や、高架下の地上に設置されていた。これらのケーブルは、3 号神戸線や 5 号湾岸線では、高速道路の橋脚が傾斜あるいは倒壊

第 4 章　地震と道路管理

表 4-16　路線別照明柱被災状況

| 路線名 | 形式(*1) | 点検本数 | 損傷数量 変形(内継手損傷) | 路線名 | 形式(*1) | 点検本数 | 損傷数量 変形(内継手損傷) |
|---|---|---|---|---|---|---|---|
| 1号 環状線 | Y型 | 12 | 0 | 16号 大阪港線 | Y型 | 51 | 4(1) |
|  | L型 | 566 | 0 |  | L型 | 828 | 1 |
|  | (小計) | 578 | 0 |  | (小計) | 879 | 5 |
| 11号 池田線 | Y型 | 339 | 23(1) | 4号 湾岸線 | Y型 | 842 | 19(13) |
|  | L型 | 314 | 7 |  | L型 | 1390 | 6 |
|  | (小計) | 653 | 30 |  | (小計) | 2232 | 25 |
| 12号 守口線 | Y型 | 284 | 23 | 5号 湾岸線 | Y型 | 579 | 13 |
|  | L型 | 241 | 2 |  | L型 | 1160 | 39 |
|  | (小計) | 525 | 25 |  | (小計) | 1739 | 52 |
| 13号 東大阪線 | Y型 | 242 | 1 | 3号 神戸線 *2 | Y型 | 195 | 151 |
|  | L型 | 384 | 0 |  | L型 | 194 | 5 |
|  | (小計) | 626 | 1 |  | (小計) | 389 | 156 |
| 14号 松原線 | Y型 | 340 | 4 | 3号 神戸線 *3 | Y型 | 834 | 834 |
|  | L型 | 278 | 0 |  | L型 | 737 | 737 |
|  | (小計) | 618 | 4 |  | (小計) | 1571 | 1571 |
| 15号堺線 17号西大阪線 | Y型 | 382 | 31 | 7号 北神戸線 | Y型 | 6 | 0 |
|  | L型 | 327 | 0 |  | L型 | 506 | 1 |
|  | (小計) | 709 | 31 |  | (小計) | 512 | 1 |
| *1;L型は特殊ポールを含む |  |  |  | 合計 | Y型 | 4106 | 1103(15) |
| *2;阿波座～武庫川 |  |  |  |  | L型 | 6925 | 798 |
| *3;武庫川～月見山 |  |  |  |  | (小計) | 11031 | 1901 |

し、橋桁が落下した箇所があったため、橋桁の落下とともに切断された。

また、7 号北神戸線では、通信設備への被害はなかったが、同地域にある藍那・前開受電所では、電力会社からの給電が約 3 時間停止し、全停電状態となった。しかし、非常用自家発電設備および無停電電源装置の作動により電力が供給されたため、通信設備の機能停止には至らなかった。

表 4-17 に通信施設の設置数と被災数を、また被災状況を表 4-18 に示す。

(d) 交通管制

同公団の交通管制システムは、大阪地区、湾岸地区、兵庫地区の 3 地区を拠点とし、それぞれの地区に設置された中央装置により地区ごとに管理されている。

大阪地区の朝潮橋交通管制センターは、環状線および環状線に接続している放射線を含む大阪中心部、湾岸地区の港晴交通管制センターは関西国際空港から大阪中心部にいたる湾岸部、神戸の京橋交通管制センターは兵庫県全域をそれぞれ管制範囲としていた。また、情報板、車両検知器などの端末装置は管制範囲内に設置された地区センターに接続されていた。中央装置は、機能分散し

表 4-17 通信施設の設置数と被災数

| | 兵庫地区 | | | 大阪地区 |
|---|---|---|---|---|
| | 3号<br>神戸線 | 5号<br>湾岸線 | 7号<br>北神戸線 | (全路線) |
| 通信塔 | (19)<br>19 | (0)<br>9 | (0)<br>11 | (0)<br>69 |
| 非常電話 | (139)<br>139 | (1)<br>58 | (0)<br>122 | (11)<br>511 |
| 可変式標識板 | (3)<br>3 | (22)<br>44 | (0)<br>0 | (0)<br>126 |
| 気象観測装置 | (3)<br>3 | (2)<br>2 | (0)<br>2 | (0)<br>9 |
| 凍結検知装置 | (4)<br>4 | (2)<br>2 | (0)<br>2 | (2)<br>21 |
| 通信ケーブル | (44箇所)<br>約40km | (8箇所)<br>約20km | (1箇所)<br>約20km | (2箇所)<br>約120km |

注;( )の数値は被災設備数を示す。
ただし、通信ケーブルは断線箇所。

表 4-18 通信施設の被災状況

| 設備 | 被災状況 | 被災範囲 | 備考 |
|---|---|---|---|
| センター間 | 不通状態 | 2経路 | 動作試験 |
| 路線対応網 | 不通状態 | ――――― | 動作試験 |
| ケーブル | 桁ずれ箇所で寸断 | 約40km | 外観検査<br>動作試験 |
| 非常電話 | 不通状態 | ――――― | 動作試験 |
| 通信塔 | 機能的な損傷無 | 0台 | 概観<br>構造検査 |

た複数の交通管制専用処理装置で構成されている。各地区の中央装置設置数と被災状況を表 4-19 に示す。

表 4-19 交通管制中央装置の設置数量と被災数量

| 区分 | ミニコン | | 専用機 | | システム<br>停止時間 |
|---|---|---|---|---|---|
| | 設置台数 | 被災台数 | 設置台数 | 被災台数 | |
| 朝潮橋 | 11 | 0 | 17 | 0 | ― |
| 港晴 | 7 | 0 | 8 | 0 | ― |
| 京橋 | 7 | 0 | 8 | 0 | 107分＊1 |
| 合計 | 25 | 0 | 33 | 0 | |

＊1；CVCFよりの給電停止の為

## 第4章 地震と道路管理

　各中央装置は、地震対策として免震装置および耐震金具によって固定されているため転倒や移動は全く発生しなかった。また、計算機室内の空調装置は空冷式を採用しているため、断水の影響を受けることがなかった。
　端末装置は、車両感知器、交通流監視カメラ、車両番号判別装置などの情報収集装置と、情報板、道路情報ラジオ、情報ターミナルなどの情報提供装置に分類される。
　中央装置と端末装置は、阪神高速道路公団の自営の通信回線で接続されているが、ケーブルが切断されたため一部の通信回線が不通となった。各端末装置は門形柱などの構造物にそれぞれ専用取り付け金具で固定する方法であったが、取り付け金具の損傷により落下したものがあった。表4-20に端末装置の設置数及び被災数を、また、被災状況を表4-21に示す。

表4-20 端末装置の設置数と被災数

| | |文字情報板 設置|文字情報板 被災|所要時間表示板 設置|所要時間表示板 被災|図形情報表示板 設置|図形情報表示板 被災|料金所内表示板 設置|料金所内表示板 被災|道路情報ラジオ 設置|道路情報ラジオ 被災|情報ターミナル 設置|情報ターミナル 被災|車両検知器 設置|車両検知器 被災|車両番号判別装置 設置|車両番号判別装置 被災|交通流監視カメラ 設置|交通流監視カメラ 被災|
|---|---|---|---|---|---|---|---|---|---|---|---|---|---|---|---|---|---|---|---|
|大阪地区|1号環状線|32|4|25|1|0|0|9|0|4|0|0|0|46|3|0|0|13|2|
| |11号池田線|32|1|14|0|1|1|8|0|3|0|0|0|72|8|2|0|14|0|
| |12号守口線|23|6|13|0|0|0|6|0|2|0|0|0|56|1|2|0|11|0|
| |13号東大阪線|21|1|9|0|0|0|4|0|2|0|0|0|58|0|2|0|8|3|
| |14号松原線|23|0|13|0|1|0|4|0|2|0|0|0|64|2|2|0|10|1|
| |15号堺線|23|0|9|0|1|0|5|0|2|0|0|0|60|5|2|0|12|0|
| |17号西大阪線|8|1|4|0|0|0|2|0|1|0|0|0|20|0|0|0|3|3|
| |16号大阪港線|9|3|3|0|0|0|1|0|0|0|0|0|36|8|1|0|10|0|
| |3号神戸線|23|5|10|1|0|0|3|0|1|0|0|0|39|4|2|0|5|1|
| |合計|194|21|100|1|5|1|41|0|17|0|1|0|451|31|13|0|86|10|
|湾岸地区|16号大阪港線|6|0|3|0|0|0|3|0|0|0|0|0|13|0|1|0|7|4|
| |4号湾岸線|60|29|41|4|0|0|46|0|4|0|0|0|186|2|6|0|29|22|
| |2号淀川左岸線|11|4|6|0|0|0|12|0|2|0|0|0|41|2|0|0|13|4|
| |合計|77|33|50|4|0|0|61|0|6|0|0|0|240|4|7|0|49|30|
|神戸地区|3号神戸線|58|30|25|3|0|0|11|1|5|5|7|7|157|44|5|1|27|27|
| |5号湾岸線|27|14|19|3|0|0|22|0|2|2|0|0|68|6|4|3|24|23|
| |合計|85|44|44|6|0|0|33|1|7|7|7|7|225|50|9|4|51|50|
|北神戸|7号北神戸線|25|0|0|0|0|0|0|0|0|0|0|0|33|0|0|0|26|2|
| |合計|25|0|0|0|0|0|0|0|0|0|0|0|33|0|0|0|26|2|
| |総合計|381|98|194|11|5|1|135|1|30|7|3|0|949|85|29|4|212|92|

表4-21 交通管制施設の被災状況

|設備|被災状況|被災範囲|備考|
|---|---|---|---|
|中央装置|機能被災なし|0台|動作試験|
|道路情報ラジオ|アンテナに対する被災|7台|外観、構造検査|
|文字情報板|表示不能|86台|外観、構造検査|
|交通流監視カメラ|画像送信停止|34台|外観、構造検査|

(2) 被災の特徴
（a）電力
　電力施設の被災は、被災数、被災内容とも他の施設に比べて軽微であった。被災内容は、地震動による直接的な被災よりも、道路構造物の損壊などによる間接的なものがほとんどで、発生箇所も特定されていた。
　なお、電力施設全体については、構造的な損傷による電気的通信支障や機能障害は生じなかった。
　電力施設の被災要因を分類すると、以下のようになる。
1) 間接被災（構造物の被災などによる影響）
　　① 道路構造物の損壊などによるもの
　　② 通信回線断線によるもの
　　③ 震災時の事象に対応できなかったもの
　　④ 電力会社の停電
2) 直接被災（地震動による影響）
　　① 地盤の液状化による沈下や傾斜
　　② 地震動による直接的な損傷や障害
　これらの要因別の被災内容は、表4-22のとおりである。
（b）照明器具・照明柱
1) 照明器具
　照明器具の被災の特徴としては、設置後10年以上経過したものに被害が多く、照明器具本体のFRPの劣化が進んだ部分やポールとの取り付け部が損傷したものがほとんどであった。また、低圧ナトリウムランプ自体が地震動に弱い構造であることも被害を大きくした。
　図4-11に照明器具の被災箇所とその件数を示す。

第4章　地震と道路管理

表4-22 電力施設の被災分類

| 要因 | 設備 | 被災概要 | 被災数 | 被災比率(%) |
|---|---|---|---|---|
| 1)①  | a.変電塔 | 3号神戸線:橋脚架台傾きによる本体の傾きや内部機器の損傷 | 5台 | 3(10) |
| | b.高・低圧ケーブル | 3号神戸線・5号湾岸線:橋桁倒壊や落下による断線や地絡 | 延40km区間 | 20(60) |
| 1)② | a.遠制子局 | 3号神戸線・5号湾岸線:通信回線切断による遠制停止 | 28台 | 21(80) |
| 1)③ | a.非常用自家発電設備 | 京橋:起動トラブルにより自家発給電できず | 1台 | 12.5(25) |
| | b.遠制親局 | 京橋:多量データ発生により親局ダウン | 1台 | 20(33) |
| 1)―④ | a.受電設備 | 受電常用・予備回線とも停止の全停電（深江浜10.5時間、藍那・前開3時間、京橋2.5時間）常用回線のみの停電(朝潮橋40分間) | 4箇所 ― | 44(100) ― |
| 2)―① | a.変電塔 | 5号湾岸線:地盤液状化による本体の傾きや扉変形 | 5台 | 3(10) |
| | b.非常用自家発電設備 | 深江浜:地盤液状化による燃料タンクの沈下 | 1台 | 12.5(25) |
| 2)② | a.無停電電源設備 | 3号神戸線・5号湾岸線:料金所電源設備の転倒や扉歪 | 8台 | 10(24) |
| | b.遠制子局 | 四つ橋系・港晴系:異常表示 | 6台 | 4.5 |
| | c.遠制親局 | 前開:ディスク異常 | 1台 | 20(33) |
| | d.高・低圧ケーブル | 全路線各所:ケーブル損傷やダクト損傷、低圧ケーブル地絡 | 各所 | |

注) 被災比率(%)の数値は、被災設備数の全路線設備数に対する比率を示す。
なお、( )内の数値は、兵庫地区(神戸線・北神戸線)設備数に対する比率を示す。

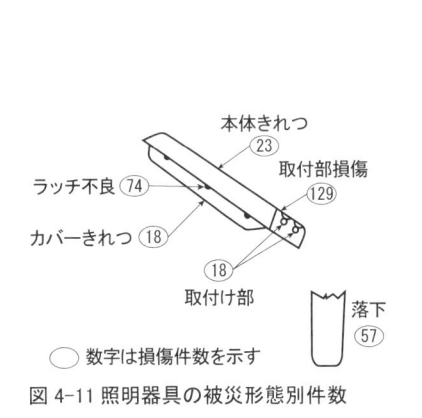

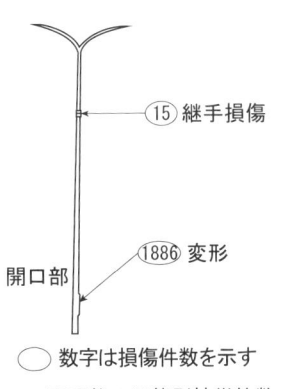

図4-11 照明器具の被災形態別件数

図4-12 照明柱の形態別被災件数

- 155 -

## 2) 照明柱

照明柱の被災は安定器収納用開口部の座屈（変形）がほとんどであり、この部分に応力集中が起こりやすい構造となっていることに問題を残した。その他、安定器収納用開口部周辺の亀裂、アンカーボルトの一部損傷、継手部の損傷などがあったが、倒壊したものはほとんどなかった。

図4-12に照明柱の被災箇所とその件数、表4-23に損傷の概要を示す。

表4-23 照明施設の損傷概要

| 設備 | | 被災概要 | 被災数 | 被災比率(%) |
|---|---|---|---|---|
| 照明器具 | ポール取り付け金具損傷 | ポール挿入部のU型金具取り付けボルトの抜け | 129 | 0.8(4.4) |
| | 本体取り付け部接着はく離 | 本体とポール取り付け部の接着はがれ | 18 | 0.1(0.6) |
| | 本体亀裂 | 本体構成部に亀裂 | 23 | 0.2(0.8) |
| | カバー亀裂 | 透明カバーに亀裂 | 18 | 0.1(0.6) |
| | ラッチ損傷 | 本体、カバー変形によるラッチ不具合 | 74 | 0.5(2.5) |
| | 落下 | 本体割れによる部品落下 | 57 | 0.4(2.0) |
| 照明柱 | 継手損傷 | ポール直線部と先端屈曲部の接続部が損傷 | 15 | 0.1(0.7) |
| | 開口部変形 | ポール底部付近の点検用開口部が変形 | 1886 | 17.1(90.5) |

注）被災比率(%)の数値は、被災設備数の全路線設備数に対する比率を示す。
なお、（ ）内の数値は、兵庫地区（神戸線・北神戸線）設備数に対する比率を示す。

### (c) 通信

3号神戸線では、高架橋の桁の落下、橋脚の倒壊、座屈などにより通信ケーブルは各所で寸断され、非常電話、業務連絡用内線電話、その他データを伝送する路線対応網通信装置が停止した。また、各所の料金所は中央指令台からの統制が出来なくなったことにより、孤立状態になった。

さらに、各管理部と管理拠点を結ぶセンター間通信も寸断された。大きなものとして、大阪管理部と神戸管理部間、湾岸線の深江と神戸管理部間、及び湾岸管理部間のケーブル切断があった。

これらに加えて、NTTの公衆回線が利用者の殺到により異常ふくそう状態となったため、通信不能という事態に陥った。

このようなことで、被災地神戸は、情報面で完全に孤立した。

### (d) 交通管制

交通管制では、文字情報板および交通流監視カメラの被災が目立った。原因のほとんどは取付金具の緩み、設置されている構造物の破損、電気及び通

信網の破損によるものであり、個々の装置の機能障害はほとんどなかった。また、中央装置においては、地震に対応するために免震装置などが設置されていたこと、空冷式空調装置が有効的に機能したことにより、計算機システム障害には至らなかった。

端末装置の被災内容の原因を大別すると、以下の4種類に分けられる。

1) 間接被災
① 構造物倒壊などによるもの
② 供給電源の停止によるもの
③ 通信回線の切断によるもの

2) 直接被害
① 取付金具が緩んだもの

端末設備の主要要因別の損傷内訳を表4-24に示す。

表4-24 交通管制端末設備の被災主要要因別の損傷内訳

|  | 文字情報板 |  | 交通流監視カメラ |  |
|---|---|---|---|---|
|  | 台数 | 比率(%) | 台数 | 比率(%) |
| 構造物などの倒壊 | 33 | 8.7 | 15 | 7.1 |
| 取り付け金具の緩み | 53 | 13.9 | 19 | 9.0 |
| その他の要因 | 12 | 3.4 | 58 | 27.4 |
| 合計 | 98 | 25.7 | 92 | 43.4 |

注)比率は、設置数に対する被災数の割合

(3) 被災の分析

(a) 電力

電力施設の被災は、相対的に軽微ではあったが、今後も起こりうる同規模の大地震に対応するため、より地震に強い電力施設とすることが望ましい。

このような観点から、今回の被災内容及び応急復旧内容を分析し、今後の対応方針などを検討した。

1) 変電塔の損傷

変電塔は、道路構造物の損壊による二次的なものが多く、被災の程度も比較的軽微であったが、より被災を受けにくい施設とするため、耐震性の向上が望まれる。

設備関係では、耐震設計地震力を、0.3Gから今回の最大地震力0.8Gに上げ、低重心化や構成部材の強化、据付・固定方法の改善、収納機器の耐震化などを

図る必要がある。

2) 高・低圧ケーブルの断線

　高圧ケーブル回線は、甲・乙の二重化方式であるが、橋桁に懸架された同一ケーブルラック上に敷設していたため、両回線とも同時に断線した。

　こうした状況や復旧対応から、今後のケーブル敷設においては、確実な電力供給を図るために、ケーブルラックを分離して2ルート化したり、1回線は共同溝により地中化するなど、異なるルートでの敷設が望ましい。また、応急融通配電面からは、受電所の分散配置、受電所間の区分開閉器により連系して、相互に応援できる延長給電システムの導入などが望まれる。

3) 電力遠制子局の通信回線断線による停止

　電力遠制子局用の通信回線の切断により、遠制設備が停止した。遠制設備が停止すれば変電塔の自動制御が出来なくなるため、何らかの対応も考えておく必要がある。

　このため、運用上重要な配電線切替と照明制御の現場自動制御が出来るようにバックアップ機能を持たせる必要がある。

4) 非常用自家発電設備の起動トラブル

　停電後は自家発電に自動で移行する。しかし、橋桁が落下し高圧ケーブルが断線したため、短絡点に電力を供給することになり、過電流保護とエンジン起動との協調不備が発生し、エンジン停止となった。

　これは、京橋受電所の非常用自家発電設備に固有の問題であり、保護協調を見直すことにより対処した。

5) 電力遠制親局のダウン

　遠制子局や通信回線が被災するという異常状態となったため、記録データが大量発生することとなった。このため、想定していたファイル容量がオーバーして親局がダウンした。これは、京橋受電所関連の遠制プログラム独自の問題であり、ファイル管理プログラムなどソフトウエアの改修を行なって対処した。

6) 電力会社の停電

　公団の受電方式は、信頼性の高い電力を確保するため、常用・予備の2回線受電方式としている。

　今回の地震で、神戸及び北神戸地区が全停電したが、電力会社の信頼性の高い送配電設備でさえも震災の影響を受けたためと思われる。

朝潮橋受電所においては、常用回線は停電したが、予備回線は正常であったため、切替受電により給電に支障はなかった。
　一般的に、高圧受電よりも特別高圧受電の方が信頼性が高いと言われている。今回の停電では、特別高圧受電の京橋の停電時間が 2.5 時間であり、他の高圧受電の停電時間が 3～10.5 時間であったことをみると、特別高圧受電の方が復旧が早かったことになる。電力会社の配電線被災率が、神戸支店管内で、高圧配電線が 31%に対し、特別高圧配電線が 4%と報告されており、このことからも特別高圧配電線の方が信頼性が高いと言える
　なお、自家発電用燃料タンクは、8 時間稼動できる容量とすることが規準で定められている。しかし、10.5 時間の停電であった深江浜では、非常用自家発電設備がその間稼動し続けた。これは、設備の被災により電力負荷が軽くなり、燃料消費が少なくて済んだためで、本来の負荷なら 8 時間程度の運転であったと思われる。
　このように考えると、今後は自家発電用燃料を 8 時間から 12 時間容量に増量することも考慮されてよいと考えられる。

### 7）変電塔の傾斜
　地震動による液状化現象により、基礎が不同沈下し変電塔に歪（ひずみ）が生じた。
　不同沈下対策には種々のものが考えられるが、地盤改良などの対策を施すことが望ましい。

### 8）非常用自家発電設備燃料タンクの沈下
　発電機本体は被災しなかったが、地盤沈下により、配管の破損や排気ダクトの外れが発生した。
　今後の対策としては、フレキシブルホースの採用や取り付けボルトの大型化などが考えられる。

### 9）無停電電源設備の転倒や扉歪
　料金所設備は、ブース内でキャスター方式により設置されている。この方式は固定式でないため地震動により被害が発生した。
　今後は、床や壁への固定とネジ止め式の扉にすべきと考えられる。

### 10）電力遠制子局の異常表示
　異常表示は地震動による一時的な現象と考えられる。これは、リセットや基

板の再装着により復旧することができた。

　異常表示が起こらないようにするためには、プリント基板の支持強化や脱落・歪防止、各ユニットの堅固な固定、設備の耐震化が必要である。

11) 電力遠制親局ディスク異常

　ディスク異常は地震動による一時的な事象と考えられる。これも、リセットにより復旧することができた。

　今後は、本体の免震構造化などの検討が望ましい。

12) 高・低圧ケーブルの損傷

　高欄内埋設の電力ケーブルの配管伸縮継手部分に、エキスパンションの間隔がなかったこと、あるいはケーブルラック上に配線した電力ケーブルに余裕が少なかったことにより、ラック変形に伴い、ケーブルが損傷した。

　この対策として、ダクト・ピット施工やケーブル余長工事などを検討する必要がある。

(b) 照明器具・照明柱

1) 照明器具

　現在の旧型照明器具では、水平力は1G、鉛直力では0.5Gで試験を実施している。さらに、風荷重として60m/secを適用するなど、各種の試験を実施し、外力に対する強度確認をしている。

　しかし、今回は震度7という予想を超える揺れがあったため照明器具の被害が目立った。

　被害を受けたものは、設置後10年以上経過しているものが特に多かった。これは器具の経年劣化による強度の低下が原因と考えられる。

　被災箇所の多くは、器具本体をポールへ挿入する部分に発生した。

2) 照明柱

　照明柱の被災は、被災の特徴の項で述べたとおり、安定器収納用開口部の変形がほとんどであった。

　一般に道路照明は、60m/secの風荷重に耐えられるように設計され、設計外力としてはこの風荷重が地震荷重より大きかった。

　今回の震災では神戸海洋気象台による地盤上の水平加速度の観測地は最大値で818Galとなっており、神戸市中央区付近で震度7を記録していた。このように、地震力が風荷重を上回ったため、応力の集中しやすい安定器収納用開口

部が変形したものと考えられる。

(c) 通信

　通信用ケーブルは、ケーブルラック上に約 2m 間隔で結束されているが、激しい地震により、結束部分には大きな力が加わり、ケーブルが損傷した。

　また、非常電話は、現在の通信方式では通信ケーブルに局所的な障害が発生すると、1ブロック全体が通話不能となる構成であった。

　大阪地区と兵庫地区とのセンター間通信は、3号神戸線と5号湾岸線沿いの2経路あったが、ともにケーブルが切断した。

　従来から災害時の通信確保を図るために、公団本社と各管理部間ならびに建設省近畿地方建設局との間でマイクロ波回線による多重無線設備の整備を進めていた。

　地震が起こった時期は、大阪管理部と神戸管理部の間が、多重無線設備の工事中であり、郵政省近畿電気通信監理局から「臨機の処置」として特別に早期運用の許可が得られたため、急遽工事を完了させ、神戸地区の通信の孤立状態を回避することができた。

　また、大阪地区とのマイクロ波回線を補完する形で、比較的被害の少なかった5号湾岸線沿いに通信・光ケーブルを仮設し、信頼性の向上を図った。

　また、北神戸地区と京橋センター間は、新神戸トンネル経由の回線が損傷を受けなかったため、これを仮設で利用することにより、通信が確保できた。

(d) 交通管制

　交通管制設備における被災状況を調べるために①システム運用状況が監視できる保全画面での全体概要の把握、②目視点検による概観状況の把握、③構造物点検による設置状況の確認、④点検要領に基く機器の機能確認等を行なった。これらの結果から、交通管制設備本体には支障のないことがわかった。

　4号・5号湾岸線の開通など、中央システムの機能を3センターに分離していたことで、神戸地区においては各センターを接続する回線が切断された場合でも湾岸線（兵庫県下）・北神戸線の情報提供が可能であった。

　しかし、端末装置に関しては、交通管制設備の設置方法に対して課題が残り、交通管制システムにおいては中央機能の完全分離が必要とされる。さらに、運用者には現地状況を知らせる設備の改善も必要であり、道路利用者に対する緊急時の情報提供の脆弱さが明らかとなった。

特に、中央システムにおける情報提供機能及び端末装置の充実が望まれる。
1）中央システム
    a 震災直後の情報提供
　震災直後は二次災害防止を目的として、道路利用者を安全な場所へ誘導するための情報提供が極めて重要となる。この情報提供は、電気、通信回線などの関連設備の稼動状態に影響されることなく機能することが望ましい。
　また、情報提供開始は迅速を要するため、可能な限り自動化による方法が望ましいと考えられる。誤動作などの防止のために、人の操作が最小限で機能できるようなシステムを構築すべきである。なお、すべての情報提供設備が提供する情報は、相互に矛盾せず一貫していることが不可欠である。
    b 復旧過程での情報提供
　震災直後の復旧過程では、供用区間や通行止め箇所が絶えず変化するため、「通行止め」などの優先順位の高い情報が無数に発生した。
　道路利用者の立場から考えると、重要な情報はすべて欲しいことになる。しかし、現状の文字情報板では、最大2事象の情報提供に限られているため、利用者にとっては不十分な情報提供となった。
　また、路線の一部だけの通行止めなどの事象の提供は、文字による限界があり、利用者に対してより多くの図形などを含んだ情報の提供が必要である。
2）端末設備
    a 車両感知器ヘッドの取り付け対象構造物
　現状では、車両感知器ヘッドおよびアームは照明柱に取り付けているが、今後は照明柱に車両感知器などを取り付けることを避ける方向で検討が必要である。
　ヘッドなどは振動に強い門形柱や高遮音壁のフレームへの取り付け、あるいは車両感知器専用の構造物の設置を考える必要がある。
    b 交通流監視カメラの伝送方式
　震災直後には、運用者が道路所のより多くの映像情報を収集することにより、二次災害を防止できると考えられる。
　現状では中央の管制卓で、1系統当り2台のカメラからのモニタだけが可能である。これを多重化し1度に1系統で多くのカメラモニタができるような伝送方式の検討が必要である。

## 2. 東日本大地震

### (1) 道路の被災状況[*10]

　高速道路は、東北地方から首都圏にかけて広い範囲で、路面亀裂、段差発生等の損傷が各所で発生した。橋梁構造物においては、兵庫南部地震のような落橋・倒壊等大規模な損傷はなかったものの、支承やジョイント部の損傷が多数発生した。特に、常磐自動車道の水戸IC～那珂ICの盛り土区間で150mにわたり路面陥没と波打ちが発生した。高速道路の通行止めは被災総数15路線、現在（2011年8月15日現在：以下同じ）1路線となっている。

　国管理の国道は、津波により太平洋沿岸の国道45号において、5橋梁の橋げたが流出した。また、橋台背面盛り土が大きく流出するなど津波によって通行の障害となる甚大な被害が発生した。このほか、国道45号、国道6号において広範囲に冠水、ガレキ等の堆積が発生。国道51号、国道357号等でも路面段差、ジョイント損傷などが発生。通行止めは総数69区間、現在2区間となっている。

### (2) くしの歯作戦[*10]作戦

　地方自治体管理道路でも、津波等により太平洋沿岸各地において、12橋梁が落橋及び流出。また、段差、亀裂、小規模崩壊、橋梁損傷等多数被災した。都道府県等管理国道の通行止めは、総数102区間、現在8区間。都道府県道等の通行止めは、総数539区間、現在117区間となっている。

　津波により、被害を受けた東北地方北部の太平洋沿岸部は、平野が狭いうえ複雑に入り組んだ海岸線を有しており、沿岸部を縦断する道路は、一部開通している三陸縦貫自動車道と国道45号のみとなっている。今回国道45号が寸断されたことから、被害を受けた沿岸部への救援、救助のために早急なルート確保が求められた。そこで、道路の復旧に当たって、まず、東北地域へのアクセスのために南北方向の幹線であり内陸部で比較的被害の少ない東北自動車道と国道4号の縦軸ラインについて発災翌日の3月12日に緊急輸送ルートとしての機能を確保するとともに、内陸部の縦軸ラインから太平洋沿岸に向けて東西方向の国道等を「くしの歯」形に啓開し、11ルートを確保。4日後の3月15日には、15ルートを確保した。発災7日後の3月18日には、太平洋沿岸ルートの国道45号、6号の97％について啓開を行った。

第4編　道路管理とリスク

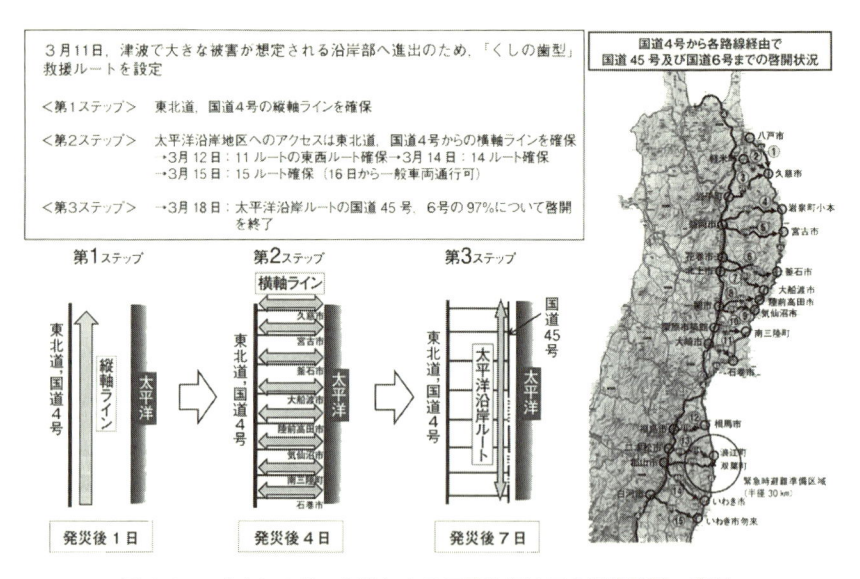

図4-13　「くしの歯」作戦による三陸沿岸地区の道路啓開・復旧

(3)　ITS－Japan によるプローブデータの統合

　東日本大震災において、車メーカが中心にサービスしていたプローブデータによる様々な交通状況提供サービスが、ITS　Japan の掛け声で 4 社のデータが一つに、また通行止め情報、トラックの通行実績情報も加わり、震災現場への物資輸送等へ貢献した。

　プローブ情報の利用については、ホンダなど車メーカがいち早くその利用を推進していた。(H15 年よりサービス) しかし、通信料の低廉化がその普及の課題であった。

　また、次世代道路サービス提供システムに関する共同研究（H18.3）では、走行履歴データの利用が検討されていた。VICS 情報の利用で、平場交通情報のより正確な、詳細な情報が求められていたこともあり、プローブデータの利用は急速に進んできた。

- 164 -

第 4 章　地震と道路管理

表 4-25　プローブデータの利用[*11]

| 日　時 | | 時間経過 | 具体的な動き |
|---|---|---|---|
| 3月11日 | 14:46 | | 被災 |
| 3月12日 | 1:30 | (11時間後) | ITS Japanが民間会社へプローブ情報を提供要請 |
| 3月12日 | 10:30 | | ホンダがパイオニアと共同でプローブ情報の提供を開始 |
| 3月16日 | | | トヨタがプローブ情報の提供を開始 |
| 3月19日 | | (8日後) | ITS Japanが、ホンダ・パイオニア・トヨタ・日産の4社統合の、民間会社へプローブ情報を提供要請 |
| 3月23日 | | (12日後) | 国土地理院が道路管理者の通行止め情報を集約して情報提供 |
| 3月24日 | | (13日後) | いすゞがトラックの通行実績情報を提供 |
| 4月6日 | | (3週間後) | ITS Japanと国土交通省国土地理院からの通行止め情報を活用し、通行実績・通行止め情報として提供を開始 |
| 4月28日 | | (6週間後) | ITS Japanからの情報提供を終了 |

　道路管理者は、自ら管理する道路に関する情報は持ち得たが、平場交通や他の道路管理者の情報をどこまで利用するかが課題であった。ドライバは、平場も高速道路も一緒にルート選択に使うのである。それに応えたのが、車メーカによる情報提供サービスであった。

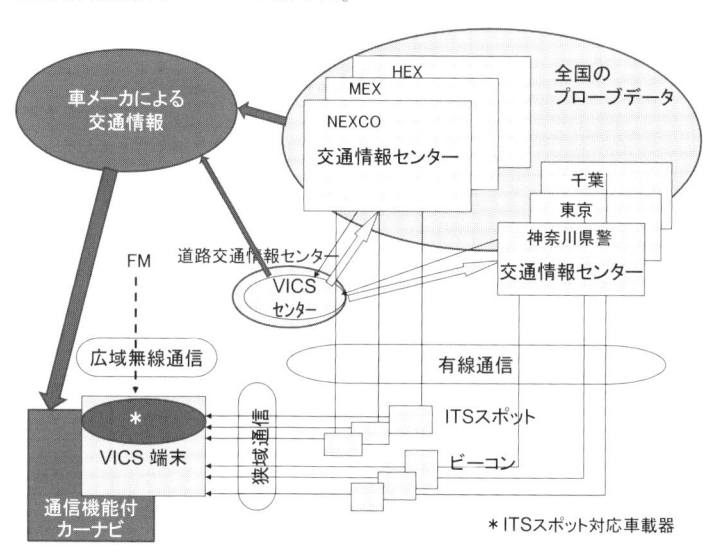

図 4-14　車メーカによる交通情報サービス

# 第5章
# トンネル火災と道路管理

　第2章にて、トンネルの火災事故が道路管理者にとって大きな課題であることを述べた。本章では、日本坂トンネル火災事故、モンブラントンネル火災事故、そしてもう少し具体的なシステムでの課題等について報告する。

　本論は道路管理とリスクという視点での報告であるが、少し、筆者自身の活動と論文の紹介をしておく。

　1979年の日本坂トンネル火災事故、この分析とともにトンネル防災システムはどうあったらいいのか、その検討が、道路システムの仕事を始めたきっかけである。この分析と新たなシステム提案、そしてシステム設計・構築をし、その間の検討内容をまとめた。[*12]

　さらに、いち早くトンネル内事故を検出するには、画像処理による突発事象検出システムがいいことと光ファイバを使ったトンネル内温度センサの開発について、1992年に海外で紹介した。[*13]

　1999年にモンブラントンネル火災事故、タウエルントンネル火災事故が発生したこともあり、同年にシステムには信頼性という考え方が重要であることを中心に述べ、車外の避難者へ音声で情報を伝えるシステム研究ついても紹介した。[*14]　この論文は、翌年雑誌 Tunnel Management International （June 2000）にも紹介された。

　2003年には、3大事故後の欧州の研究動向調査も兼ね、国際会議に参加した。このときは、今までの検討してきた設計の考え方や運用の在り方について報告した。[*15]

　2005年、台湾でトンネル国際会議があるということで、2003年の論文を一般化するように見直して発表した。[*16]

第5章　トンネル火災と道路管理

約33年間、システムの在り方を問い、安全でより信頼度の高いシステムやその管理を追い求めてきた。画像による突発事象検出は、世界の様々の国で開発され運用されているし、光ファイバを使った温度検出（火災検出）システムは事故後のモンブラントンネルで採用された。車外の人に知らせる拡声放送システムは、日本の首都高速にて実現されたと聞いている。

## 1. 日本坂トンネル火災事故[*17]

日本坂トンネル火災事故は、1979年（昭和54年）7月11日の夕刻、発生した。火は、1週間燃え続け、18日10：00に鎮火した。死者は7名であり、167台の車両が消失した。

この事故は、大型車の火災事故である。

昭和54年7月11日18時25-39分
西口坑口から約420m大型車停止
大型車追突（B）
普通車追突（C　GS流出　出火）
普通車追突（D　GS流出　出火）
大型車追突（E）
大型車追突（F）

後続車は約90m～100m後退

18日10:00　鎮火

上記の他167台の車両消失
7名死亡

7月24日～9月9日　復旧工事
工事費約34億円
2か月間通行止めによる収入減33億円（予想）

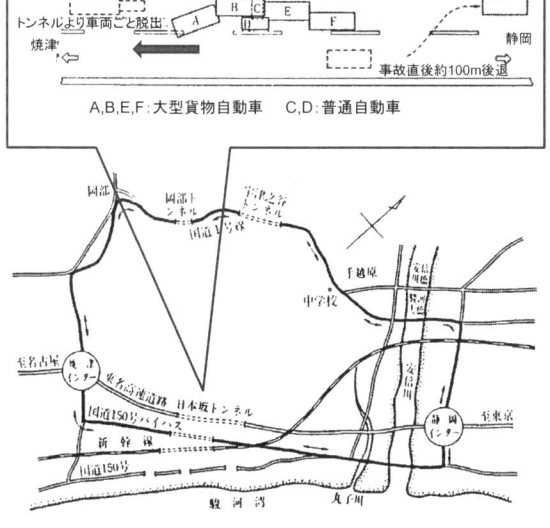

図4-15　日本坂トンネル火災事故

死者の 7 名は、ほとんど追突事故の際に亡くなられたものと思われ、大きな惨事にも拘らず、交通事故関係者以外の死者は出ていない。トンネル内に滞留した車は、火点から 100m 程後退し離れたものの、延焼した。

表 4-26 に示すように、トンネルの非常用設備は最大限備えられていた。

表 4-26 日本坂トンネル防災設備一覧

| 機器名 | | 設置個所 | | 設置間隔 | 設置位置 |
|---|---|---|---|---|---|
| | | 上り線 | 下り線 | | |
| 通報設備 | 火災感知器 | 338個 | 344個 | 12m | 両壁面 |
| | 手動通報機 | 41個 | 42個 | 48m | 追越側壁面 |
| | 非常電話 | 12個 | 12個 | 200m | 走行側壁面 |
| 警報設備トンネル情報板 | | 1面 | 1面 | | トンネル坑口手前 |
| 消火設備 | 消火器 | 82本 | 84本 | 48m | 追越側壁面 |
| | 消火栓 | 41個 | 42個 | 48m | 追越側壁面 |
| | 給水栓 | 2個 | 2個 | | トンネル出入坑口 |
| その他設備 | 避難設備 | 3か所 | | 約500m | 上下線の連絡抗 |
| | 誘導設備 | 3灯 | 3灯 | 約500m | 連絡坑口に設置 |
| | 水噴霧設備 スプレーヘッド | 1,004個 | 1,024個 | 4m | 両壁面ボード部 |
| | 自動弁 | 56台 | 57台 | 36m | 追越側壁面 |
| | 監視用CCTV | 11台 | 11台 | 約200m | 追越側壁面 |

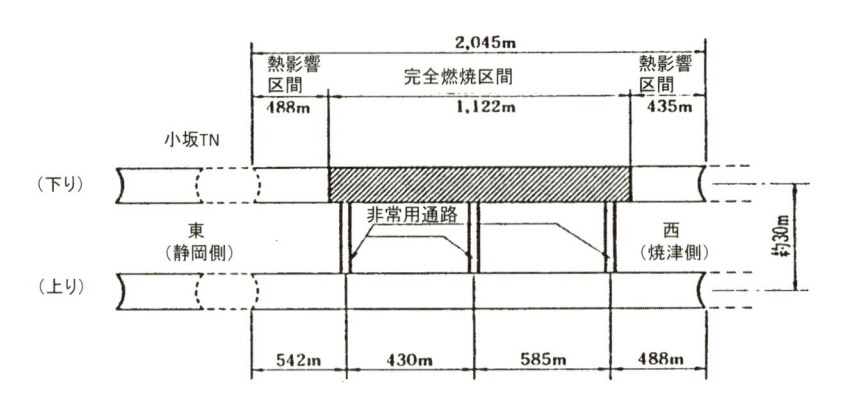

図 4-16 日本坂トンネル被害個所

第5章　トンネル火災と道路管理

事故の経緯としては、
- 6：37：30　追突事故（乗用車C出火）
- 6：39：30　乗用車D燃料タンク内のガソリンに引火
　　　　　大型車Bの燃料に引火。大きく炎上。前方A、後方E、Fに引火
　　　　　可燃性のポリエチレン、ドラム缶50本の松脂に引火
- 7：2　ないし4分　　爆発的に炎上
　　　　　このため、800度C、1,000度Cの高温となる
- 12日午前4時に、166台目に引火

というものであった。

この事故に際し、管制室の対応、コントロール室の対応、さらに東坑口付近での対応について、裁判判決文より抜粋したものを以下に示す。

**（管制室の対応）**
- 6:39　非常電話にて通報を受け管理室に転送
- 6:40　通行者から非常電話を受信
- 6:43　渋滞の問合せを受信
- 6:45　事故のため通れない旨、通報を受け管理室に転送
- 6:46　渋滞の問合せを受ける
- 6:49　事故の通報を受信
- 6:50　炎上の電話。管理室に転送
- 6:53　トンネル内の煙ひどく、人を誘導
- 6:56　警察官より3台燃えていると通報。静岡警察に転送
- 6:59　消防車到着。坑口400mに事故車があるらしい旨、通報

下記は緊急通信処理表の内容。
- 6:39　静岡消防に出動依頼
- 6:50　静岡消防に消防車の出動状況を問合せ（1台が本線、2台が側道を通り現場に向かう旨回答）
- 6:51　消防車1台が本線に流入
- 6:56　焼津消防に出動依頼（裁判所は、7:18が正しい時刻と修正）
- 7:15　焼津料金所から消防車流入
- 7:27　本線に流入

（コントロール室の対応）
- 6:39:30　火災検知器　感知
　　　　　　ITVにて現場の確認（7番→8番→9番ITV、40秒のロス）
　　　　　　進入禁止　火災発生　表示
　　　　　　管制室の通報
　　　　　　ポンプ鎖錠解（ポンプ起動）
　　　　　　水噴霧鎖錠解（放水開始）
- 6:43　　換気を逆転（排煙）
- 6:50　　コントロール室係員が西換気塔に向け出発
- 7:02または04　故障表示（軽故障→重故障）　ITVモニタ画像も消える
- 7:15頃　西換気塔に到着　ポンプ運転灯が消えていたため手動運転するが変化無
- 7:45頃　東換気塔　ポンプの再起動

（東坑口付近での対応）
- 6:42　交通管理隊　火災現場へ出動
　　　　トンネル530mに進入。車両混雑のため停車、天井板に白い煙が流れていたため避難誘導
- 6:53　管制室に連絡後、車のマイクで避難誘導
- 6:59　消防車到着、ガスマスク必要の旨管制室へ連絡
- 7:16　避難のため方向転換。煙が濃く、運転不能。避難。その旨、管制室へ連絡。照明の基本灯消える

事故発生から12年後の裁判での判断[*18]は、次のようなものであった。
① 消防署に対する情報提供の不足および遅延
② 水噴霧装置の作動開始の遅延及び事故原因者又は通行者による初期消火手段の不存在ないしは機能の不完全
③ 後続車両の運転者に対する情報提供の不十分及び遅延並びに警告力の不十分

そして、この説明として、
法令及び行政上のトンネルの設置基準並びに被告の暫定基準、被告の標準仕

第5章　トンネル火災と道路管理

様書及び被告の設置要領所定のトンネル安全体制を下回るに至っていた。
　様々な防災設備及びそれを監視する機器並びに人間の行為が一体となってトンネルの安全体制を構成していたものであるから、その管理及び運用体制も含めて一つの造営物として把握する。

## 2. モンブラントンネル火災事故[*19]

　モンブラントンネルは、1965年に開通した全長11,600mのトンネルである。対面通行であり、換気は横流式である。フランスとイタリアを結ぶ道路であり、両国の運営組織（フランス側：ATMB、イタリア側：SITMB）が監視していた。

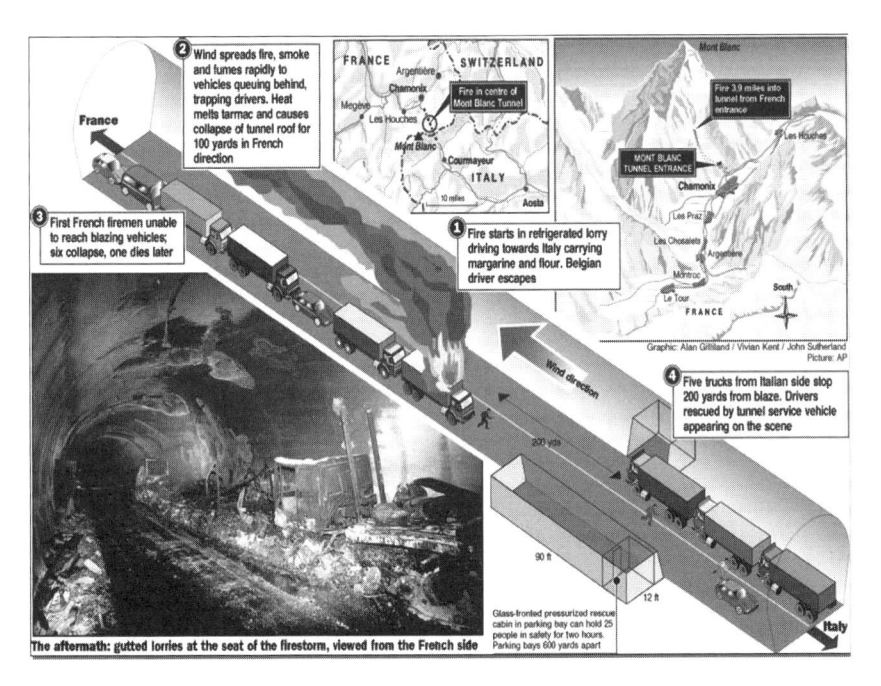

図4-17　モンブラントンネル火災事故*

* "35 killed by Mont Blanc tunnel inferno" Saturday 27 March 1999 by Telegraph Group Limited

フランス側出入り口から 6.5km の地点で、小麦粉 12 トンとマーガリン 8 トンを積んだトラックが火災を起こした。原因は不明であるが、エンジンの不調であったようだ。火災事故の結果、40 台を超える車両が消失し、41 人が死亡、27 人が重傷を負った。
　事故の状況、火災通報後の避難誘導、そして換気と排煙についてまとめると次のようになる。

## (1) 事故状況等

- 1999 年 3 月 24 日事故原因のトラックが 10:46 分トンネルに入る
- 10:52　視程計が警報
- 10:53　車体から煙が出ているため停車
- 10:53　指令員が警報を承認。目で確認
- 10:54　第 22 非常駐車帯の電話による通報（イタリア指令室受信）
- 10:57　第 21 非常駐車帯の電話による通報
- 10:58　同非常駐車帯の消火器取り出される（警報）


- 被害状況
  救急車 2 台、大型車 23 台、小型車 10 台、オートバイ 1 台消失
  犠牲者 38 名（車両内 29 名、車両外 9 名）、そのほか消防士 1 名
  一酸化炭素や様々な燃焼物によって窒息死した模様
- 交通状況
  9:00～10:00 のトンネル交通量
  フランス→イタリア　163 台（内 85 台大型車）
  イタリア→フランス　140 台（内 73 台大型車）

## (2) 火災通報後、避難誘導

- 警報発令後 2 分間：警報処理センターは、10:58:30 にシャモニー中央救助センターに警報を伝達
- 救助隊は、11:02 に出発し、11:10 にトンネルに到着
- 特別応援車両についても、12:30 頃出動要請
- ATMB は、利用者に関して警報時に正確な情報を提供できなかった（煙の発生で、カメラで監視できなかった）

トンネル内には、非常駐車帯の二つに一つ待避所（600mごと）が設置
・10:57　ATMBの小型ポンプ車（4乗員）、続いて救助車(2乗員)がトンネルに入る。2台の車両は、第17非常駐車帯で動けなくなった。(7時間、有毒ガスと高温からATMB職員を守る)
・第24待避所では、SITMB職員1名を含む2名が死亡（50時間燃え続けた）
・フランスのオートバイ隊員が、火災直後トンネルに入り、困難ではあったが火災の6〜7mまで近づくことができた。(よく訓練され十分に装備された救助隊が警報発令後にトンネルに入れば、炎上したトラックへの直接の消火活動を試みることができたかもしれない。消防隊が到着までかかった時間（15〜20分程度）では、そのような活動はできなかった。)

### (3) 換気と排煙
設備の構造；
・換気：車道の下のダクトを使用。トンネル両方の入口にある換気所からトンネルに向かって対称的に設置された4本の換気ダクトによって、トンネル中央までの4区間（各1,450m）に新鮮な空気が送られる。イタリア—フランス方向の側壁の下に10mごとに開かれた吹き出し口よる出る各換気ダクトは、75m$^3$/s相当
・排煙：5本のダクト（排気用、排煙用）　各非常駐車帯の吸い込み口からトンネル半分について、150m$^3$/s。排気口は、フランス—イタリア双方向の側に300mごと

運転状況；
・フランス側　4本のダクトの内、3本フル稼動　1本は3/4稼動
・イタリア側　4本のダクト、段階的に3/3まで作動
火災の初期段階において；
・トンネル両サイドの不均衡な換気（イタリア側では給気が多すぎ、フランス側では排気のみ）
・煙がフランス側に流れ、火災トラック後方に停止していた車両を襲う。
・一般的には、火災時の排気は火災エリアで最大で行う必要があるが、イタリア側オペレータは反対に最大レベルで空気を供給していた

事故後の課題として整理されたことは、
- 火災通報後 7 分間も通行止めの処置が取られなかった。
- 十分な酸素マスクが備えられていなかった。またこのマスクは 20 分しかもたなかった。
- 2 台の緊急用通報機が不通だった。
- 黒煙のため、監視カメラはすべて「盲目状態」であった。
- シェルターは、2 時間を過ぎるとつぼ状態になった。

また、運用のあり方が問われた。フランスとイタリアの運用のまずさや換気排煙システムの不備があった。

このモンブラントンネル火災事故（1999.3）後、タウエルントンネル火災事故（1999.5）が発生し、欧州では多くの専門家が集まり様々な検討が行われた。

## 3. 世界の道路トンネル火災事故[20]

欧州のトンネル火災事故や日本の日本坂トンネル火災事故で、共通に指摘されているのは、
- 現場状況の把握
- 進入禁止処置と初期消火の支援
- 消防への出動要請と状況通知
- 現場での避難誘導

である。またモンブラントンネルでは運用上のミスもあり、体制の在り方や訓練の必要性が再認識された。

日本坂トンネル火災事故と欧州の三つの火災事故には教えられることが多いが、2001.4 月号の"高速道路と自動車"に掲載された報告が非常に参考となるので、その中からいくつか紹介する。著者は、モンブラントンネル安全委員会委員長であり、元設備省トンネル中央研究所長の M.マレク氏である。

**道路トンネルは、明かり部の道路に対して、統計的には全く危険ではない。しかし、極めて稀なことではあるがトンネルにおいては非常に大規模で破滅的**

第 5 章　トンネル火災と道路管理

**な火災が起こる可能性がある。**

　例えば、首都高速道路において、毎年一度程はトンネルで火災事故が発生している。しかし、少なくともこの 32 年間、小さな火災事故で済んだ。もし、大型車の火災事故が発生していたら、悲劇が起こっていた。数年前の板橋熊野 JC におけるタンクローリ横転火災事故のことを思えば、トンネルで大型車の火災事故の発生可能性を誰も否定できないであろう。

**大型トラック事故の内、危険物が関わってくる割合は小さい。**
　　　　　　5％×1/4×50％＝0.6％
　　　（大型車の運搬物の 5％が危険物にあたり、その大型車が他の大型車に比べて事故を引き起こす割合は 1/4、さらに危険物を運搬しているトラックが事故を起こした際に、それに危険物が関わるのは 50％。）
　　　モンブランの事故では、大型車の運搬物は小麦粉でありマーガリンであった。

1945 年以降、世界で起こった 14 件の重大火災事故で、少なくとも 1 台の大型トラックもしくはバスが関わらない重大事故は確認されていない。いかなる重大事故も、乗用車のみによっては決して引き起こされていない。（この論文の発表以降に発生した、二つの重大火災事故でも同様である。表 4-27）
　　　また、車両衝突による重大事故は、短いトンネルでも長いトンネルでも発生しうる（Isola delle Femmine トンネルは延長 148m で、死亡者 5 人、負傷者 10 人、損壊車両 20 台であった）。

**表 4-27 世界の重大火災事故**

**危険物を伴わない火災事故**

| 年 | トンネル | 長さ | 死者 | 備考 |
|---|---|---|---|---|
| 1978 | Velsen, Netherlands | 770m | 5 | |
| 1983 | Pecorile, Savone, Italy | 600m | 8 | |
| 1983 | L'Arme, Nice, France | 1,105m | 3 | |
| 1987 | Gumefens, Bern, Switzerland | 340m | 2 | |
| 1993 | Serra Ripoli, Italy | 442m | 4 | |
| 1994 | Huguenot, South Africa | 3,914m | 1 | |
| 1995 | Pfander, Austria | 6,719m | 3 | |
| 1999 | Mont Blan, France/Italy | 11,600m | 39 | |
| 2001 | Gottard Tunnel, Switzerland | 16,700m | 11 | |
| 2005 | Frejus, France/Italy | 12,870m | 2 | |

**危険物を伴った火災事故**

| 年 | トンネル | 長さ | 死者 | 備考 |
|---|---|---|---|---|
| 1979 | 日本坂トンネル、日本 | 2,045m | 7 | 衝突、エーテル |
| 1980 | 梶原トンネル、日本 | 740m | 1 | 衝突、ペイント |
| 1982 | Caldecott, Oakland, USA | 1,028m | 7 | 衝突、ベンジン |
| 1996 | Isola delle Femmine, Italy | 148m | 5 | 衝突、LPG、BLEVE |
| 1999 | Tauern, Austria | 6,400m | 12 | 衝突、ペイント/ラッカー |

M.マレク氏の論文の掲載後、同年 6 月には"第二東名道路清水第三トンネル火災実験"、さらには 2002 年 7 月号には"大断面トンネルの火災発生時における避難環境評価"が発表されているが、欧州の検討内容にはほとんど触れられていない。

2005 年（平成 17 年）には、（財）首都高速道路技術センター（現:一般財団法人）が"トンネル技術講習会"を主催し、欧州での様々な活動が報告された。

2010 年（平成 22 年）交通工学に"高齢化社会における公共施設内での災害避難解析"が報告[21]された。この内容は、トンネル部で火災が発生したときに、高齢の方が果たして逃げられるかというものであり、重要な指摘でもある。

2011 年 3.11 東日本大地震でおきた東電の原子力発電所事故で思い出したことは、1979 年の日本坂トンネル火災事故の 4 ヶ月前の 3 月に発生したスリーマイル島原子力発電所事故のことであった。トンネル防災システムを考えるときに、大いにこの事故のことが参考になった。非常時のマンマシンの在り方について多くのことを教えられた。

今回の原子力発電所は、同じタイプかそれとほぼ同様の施設であり、どこまでこの事故の教訓が生かされていたのか。東京電力には運転訓練用にシミュレ

ーション設備が作られており、このような事故のために作っていたと思われる。

　では、翻って、道路トンネルについてはどうか？　32年前の教訓が生かされているか？　道路管理者だけでなく、システムメーカも同様に、技術移転が図られてきたか、これが大きな課題である。

　リスクとは、(事故の大きさ)×(事故の頻度)で示される。トンネルでの大型トラック火災事故は、発生頻度が極めて小さい。この32年間、日本では発生していない。しかし、板橋熊野JCでのタンクローリ車の横転火災事故のこともあり、発生を否定できない。

　トンネル内での大型車火災事故は、大きな災害をもたらすことが想定される。欧州では、大型車の走行時の車間距離、また停止時の車間距離まで規定して運用している。首都高速で、そこまでやれるかと言われると、非常に難しい。しかし、欧州では事故後経済性も犠牲にして実施している。

　システム等、物理的に対応できなくとも、最悪の場合(発生頻度が極めて小さい重大事象)、どのようなことが発生し、その時どのような課題があるか、次善の策として、例えばどのような運用ができるか、そういうことを事前に議論し、訓練しておくことが大切である。

## 4. 具体的システムでの検討

　この章は、あくまでも筆者の"懸念するところ"を述べたものである。(首都高速道路山手線の建設の際には、様々な議論が交わされたと聞いている。委員会報告書にはない細かな検討がされたようだが、その内容は一般の者にはわからない。)首都高速の山手線(中環状道路)を想定して以下に述べる。

(1)　リスク検討の対象とされる現場状況の想定

　ここで述べたいのは、1分という時間の重みである。リスクの対象とする大型車の火災事故の場合、数分(Max10分)で逃げないといけない。またはドライバによる消火が、成功しないといけない。この課題に対してオペレータは何ができるかということである。

　・避難路は、上下線連絡路(Uターン路)があり、これをうまく使えば火点か

ら離れた車は避難できる。
・バイク隊にしても何分で現場にいけるか、2分後の火災発生後の判断の後であれば、5分で現場にいけるとしても、火災発生から7分後にあたる。場合によっては、かなりの火勢にもなっている。火点近くでは何もできないことが想定される。
・事故が発生したら、第一に車の流入を止めるべきと思われる。

10kmのトンネル内には、26台／km×10km＝260台の車が走行している。
仮に、中野長者入路合流部で事故・火災が発生したとする。
（0分）　交通事故発生　　6000m×26台／km＝156台の滞留可能性
（2分後）火災発生判断？　156台＋26台／分×2分＝208台の滞留可能性

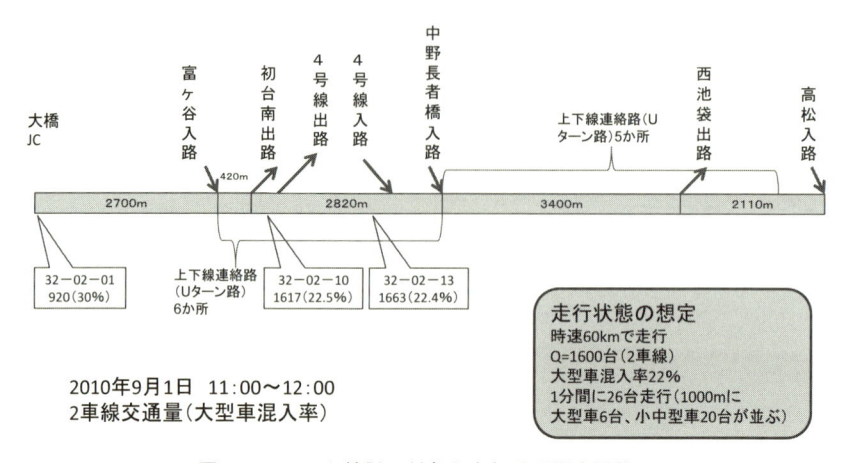

図4-18 リスク検討の対象とされる現場交通状況

(2) 火災検出
・災害時、何よりもトンネル内カメラによって現場の状況を視認することを念頭に置く。しかし、カメラの前に煙があったら何も見えない。
・突発事象検出機能は、事故の発生を検出するもので、煙の影響は受けない。（煙の出る前の現象を見ている）　1992年に阪神公団で運用した阿波座カーブでは、事故発生2秒以内に検出している。今回の仕様はさらに高度なもので、事故のほか、逆走、渋滞状態での検出等を狙っている。事故検出

第 5 章　トンネル火災と道路管理

と同時に発生地点の想定もされるため、このシステムが機能している限り、オペレータが悩むことは少ないともいえる。
・一度、煙が充満したら、システムは無力である。現場の状況を知る手段がない。もし、光ファイバによる温度センサがあれば、火点の移動や、規模、温度分布がわかる。また、初期の段階では、火点がわかる。欧州においては、モンブラントンネル火災事故以後、設置されている。

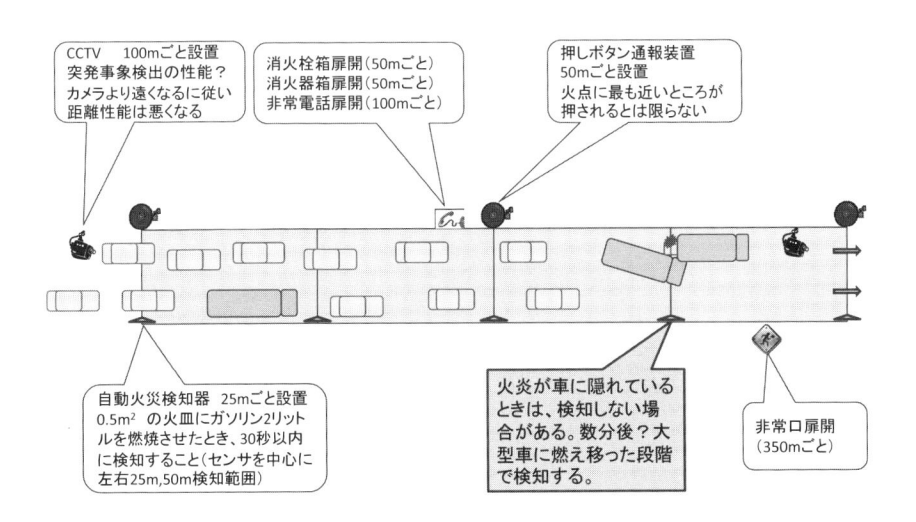

```
CCTV　100mごと設置          消火栓箱扉開（50mごと）        押しボタン通報装置
突発事象検出の性能？        消火器箱扉開（50mごと）        50mごと設置
カメラより遠くなるに従い     非常電話扉開（100mごと）       火点に最も近いところが
距離性能は悪くなる                                         押されるとは限らない

自動火災検知器　25mごと設置      火炎が車に隠れている        非常口扉開
0.5m² の火皿にガソリン2リット    ときは、検知しない場        （350mごと）
ルを燃焼させたとき、30秒以内    合がある。数分後？大
に検知すること（センサを中心に   型車に燃え移った段階
左右25m,50m検知範囲）           で検知する。
```

図 4-19　トンネル内設備と火災検出

### （3）　火災初期の活動
・車のトンネル進入を止める。
・滞留している車を避難させる。
・火災現場に近い人を避難させる。
・火災を消火してもらう。

これについても道路管理者はどう対処するか明確にしておく必要がある。火災発生後の数分間の時間での対応であり、消防隊には期待できない。現場にいる人によって消火するしかない。また、オペレータによってその活動をどこまで支援できるかということである。

- 179 -

- ここでも対象は大型車の 30MW（注記参照）の火災である。
- 火点近くにいる人の避難誘導は、誰が行うか？
- 現場の 30m～100m 近くでの避難であり、消火活動とともに防災系オペレータが望ましい。
- トンネル入口、分岐路等、交通管制（誘導）活動は交通系オペレータが望ましい。

表 4-28 火災初期の活動

| | 誰が | どんな手段 | 可能性 |
|---|---|---|---|
| 車のTN進入を阻止 | OP（交通管制系）警察 | TN警報板 遮断機閉鎖 | |
| 滞留している車の流出 | 首都高PC・バイク隊 | Uターン路での現場誘導？ | 火点から離れている車が対象 |
| 火点近くの人の避難 | OP（施設防災系？） | 拡声放送・TN再放送（ラジオ） | 何処までできるか |
| 火災の消火 | トラック運転手 | 泡消火栓等 | 訓練？　広報？ |

　火災発生時には、防災系は、様々な施設の制御とその応答確認等、かなり忙しい。

　交通系も、非常電話、対外的連絡等、いろいろと業務が発生する。

　それぞれのシステムをよく理解した、また的確な判断と指示を与える指令（一人の指揮官）とその訓練が必須と思われる。

　トラック運転手といえども、設備の理解と利用訓練なしには、いざという時に動けない。消火設備をどこかに用意して、トラック運転手の方が、訓練できる場を作るのも一つの案であろう。何よりも、日頃の広報の在り方が重要となる。

注記；30MW（メガワット）の火災
　欧州では、大型車の火災規模とは 30MW 相当を基準にしている。[22]
　都市内高速道路の火災訓練等で使っている火皿は 0.5m$^2$ である。9m$^2$ 火皿火災実験は、大型バス１台当たりの火災規模（20MWクラス）に相当する[23]。

第5章　トンネル火災と道路管理

(4) 避難誘導

　ドライバがどのように行動するか、それが一番の基本である。しかし、道路管理者としては、火災を確認したら、いち早くドライバに知らせ、トンネルには進入しないように、またトンネル内の車には適切な指示を早くする必要がある。

　前者は、"火災確認"の段階で、全入口に警報することで可能。

　後者は、発生地点の情報を入力しないと適切な指示は出せない。入口合流、出口分流近傍での火災の場合は、特に注意を要する。この作業は、場合によっては時間がかかる。30秒から4分位の幅を持つ。これゆえ、進入禁止制御とは分けて行うべきものと思われる。

　避難については、広報も重要である。モンブラントンネル事故では、多くの方が車中で有毒ガスのために死亡している。

　ラジオ再放送（車内）、拡声放送（車外）という設備は設けられ、その準備は行っているが、火災時の対処について多くのドライバにもっと知らしめる必要がある。

・火災が判断されたら、1台でも進入を阻止することが大切。（交通事故では？）
・火災発生地点情報が入力された時点で、出口に向かえる車は早く逃がす。
・火点に近い進入路（オンランプ）に滞留している車ほど危険な状態はない。高温の煙、有毒ガス等が流れる。類焼しやすい。避難誘導はだれがどうするのか？　防災設備は？　訓練は実施した？

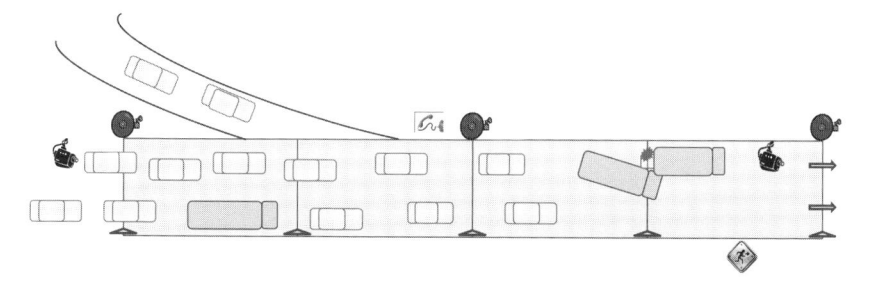

・弱者対策は具体的にどのようなものか。反対車線へ出て、車で避難することが現実的と思われるが、反対車線の安全性とその誘導はだれがどのように？　訓練は実施したか？
・1000度Cを超える火災状況になった時、避難路への1枚扉とその周辺はどのようなことが想定されるか？

図4-20　避難誘導

- 181 -

特に、トラック火災では、有毒ガスが発生する場合もあり、避難が優先される旨、知らしめる必要がある。

(5) **本格消火**

本格消火は、消防隊に任せることになる。しかし、今回の前提である大型車の火災の場合、消防隊が到着するであろう 15 分後には、熱と煙で、消火活動には手がでない状況が想定される。

この時、トンネル内部がどのような状況か、その把握が最大の課題である。内部には、車があるのか、何台燃えている可能性があるのか。さらに、言うならば、消防隊が 1 分でも早く現場に来るために、どんな支援ができるか

この山手トンネルの開通時より、バイク隊が設置されているが、ガスマスク、酸素マスク（ボンベ）等は用意されているか。欧州の事例ではこれが課題であった。次は、懸念事項である。

1）トンネル内の状況把握；
光ファイバ温度センサの利用（火点から上流、下流へ何 m まで 50 度 C 以上か、避難路内の温度は何度かなど）

2）トンネル内に滞留する車の把握；
ETC 設備からもかなりわかるし、アンテナを追加することで、存在台数、車のナンバプレート情報が把握できる。

3）消防隊の移動に対する支援；
交通管制システムで得られる情報の中で、どの様な情報が有効か、その議論と訓練はされているか。ITS スポットは安全対策のための設備でもある。この強力な通信手段の利用は検討されたか。

(6) **排煙運転**

シミュレーションや模型実験等に基づいて、排煙能力等を算出することができても、非常時に、最適な運転を行うことは非常に難しい。事故の形態、その時の交通状況等、条件は様々であるからである。

日頃の訓練で可能な制御方法で対応するのが最善のレベルともいえる。

・防災訓練、または換気・排煙運転の訓練では、どのようなメニューがあるのか？

・そのメニューでは、想定される状況をどこまで網羅したものか？

委員会で議論されているのは、

・事故地点の上流側に滞留車がある場合には、風の０ｍ化を行う。
・人がいるときには、水噴霧制御は排煙制御のために避ける？
等であるが、懸念されるのは、
・事故発生地点が、進入路合流部の場合、進入路そのものが煙突になる。
・避難誘導で、反対車線を使う場合、その車線の換気・排煙運転の制御内容は？また自動化されているのか？

　この内容については、電気電子通信系の方は、理解が難しいと思われる。しかし、その内容は、機械系の方でも同様である。つまり、電気電子のように容易に再現はできないし、実験もなかなか難しい。風の流れ、熱の流れは、アナログの世界である。

　だからこそ、実験データに関する論文等は貴重であり、様々なデータから学ぶことが必要である。

　その知識をオペレータにどのように伝えるか。その難しさを考えると、換気・排煙のシステムについては、事前検討と、訓練教育が何よりも重要となる。どのような設計がされ、どのような能力があり、その限界等を知る必要がある。

　モンブラン事故は、この換気・排煙の方法がまずかった。このような事例がある以上、明確な運用指示が求められる。同じようなミスは許されない。

（7）　**通常時の広報**

　リスクを想定する場合、広報、日頃の対応こそ重要である。

　トンネルは、一般道路に比して安全性が高い。ただし、閉塞空間であるため、いったん事故が発生し火災が発生した場合は、その被害が大きい。そのため、次のようなことが重要である。

　・交通事故を避けるため：車間距離を乗用車は 100m、大型車は 150m 確保する。
　・いったん事故が発生したら：車間距離を 100m 確保して止まる。
　・火点に近い人は消火作業を行えるか判断し可能ならば自ら消す。

　ただし、この判断や設備の使用に慣れていないと危険でもある。大型車のドライバには、消火訓練を義務付ける。または、雇用会社には、率先して、訓練・教育を行ってもらう旨、広報する。

　・一般の方はすぐに避難する。車の中で待っていてはいけない。

初めの二つは、1999、2001年の火災大事故発生後、欧州にて実施されている[*24]ものである。
　トンネル内で大型車が燃える状況では、避難は、自ら数分間の内に行わないと、危険である。山手線は、最深部で地上から30m以上あり、高齢者の場合は大変である。このような弱者の方は、Uターン路での避難方法がある。広く広報が求められる。

# 第6章
# テロ等人為的災害と道路管理

　1章で取り上げた江戸川河川事故は、テロではないが非常にまれな人為的災害である。このほかには、インフルエンザの脅威もある。

　2008年には、新型インフルエンザの大発生が予想され、ワクチン生成について議論があった。さらに、2009年6月11日には、WTO（世界保健機関）は新型インフルエンザの世界的な感染拡大を受け、警戒レベルを最も高い「フェーズ6」に引き上げた。これによって、パンデミック（世界的流行）が宣言された。このような事態が、運用者の周りで発生すれば、機械やシステムが問題なくとも、システムは運用ができなくなる。社会インフラにとっては致命的となる。仮にひとつの運用センターにこのような非常事態が発生した場合は、他の運用センターが代行するなどが考えられる。

**参考資料**

- *1　UTMS　資料
- *2　http://7a.biglobe.ne.jp/~fireschool2/d-B3-17-3.html
- *3　REACTOR SAFETY STUDY: AN ASSESSMENT OF ACCIDENT RISKS IN U.S. COMMERCIAL NUCLEAR POWER PLANTS. MAIN REPORT　OCT 1975
- *4　防災白書　平成20年度
- *5　Web情報
- *6　くるま社会での強風災害　相馬清二　自動車研究　第3巻第5号（昭和56年5月）
- *7　Disaster Risk Management Programs for Priority Countries 2009 International Strategy for Disaster Reduction (ISDR) THE WORLD BANK
- *8　大震災を乗り越えて（阪神高速道路株式会社　震災復旧日誌　H9.9.30）
- *9　防災白書　平成24年度
- *10　東日本大震災の道路の被災状況と復旧への対応　国土交通省道路局　高速道路と自動車　第54巻　第9号　2011年9月
- *11　東日本大震災におけるITS分野での取り組み事例　八木浩一　高速道路と自動車　第54巻　第9号　2011年9月
- *12　伊藤他，トンネル防災システム，National Technical Report Vol.30 p46-60 Apr.1984
- *13　Ko ITO et ai, Tunnel Supervision and Control System On Metropolitan Expressways, Safety in Road Raiol Tunnels First International Conference Basel, Switzerland, November 1992
- *14　Ko ITO et ai, Tunnel Supervision and Control System Design and Future Prospects, Long Road Rail tunnels First International Conference Basel Switzerland,1999
- *15　Ko ITO et ai, A New Design of a Tunnel Supervision and Control System, Safety in Road and Rail Tunnels, Fifth International Conference Marseille, France, Oct.2003

- *16 Ko ITO, A New Viewpoint of a Tunnel Supervision and Control System, International Symposium on Design, Construction and Operation of Long Tunnels, Taipei, Taiwan, Nov.2005
- *17 窪津義弘　他：日本坂トンネル車両火災事故とその復旧　高速道路と自動車 22，No12，p.36(1979)
- *18 判決言渡　平成 2 年 3 月 13 日
- *19 SE（セイフティエンジニアリング）106　1999
- *20 モンブラントンネルの大事故後における道路トンネルの安全性について　高速道路と自動車　第 44 巻　第 4 号（2001.4）
- *21 高齢者社会における公共施設内での災害避難解析　交通工学　Vol.45 No5　2010
- *22 Recommendations of The Group of Experts on Safety in Road Tunnels Final Report　10December 2001 TRANS/AC.7/9 Economic and Social Council
- *23 第二東名高速道路　清水第三トンネルにおける火災実験　竹囦・下田　高速道路と自動車　第 44 巻　第 6 号　2001 年 6 月
- *24 SE（セイフティエンジニアリング）139　2006　p8

# 参考資料
## 交通流現象と車両感知器

　道路交通システムの情報収集・提供システムの中で、"渋滞連続性判定"という言葉を使った。

　朝・夕の交通渋滞で、"渋滞長3km"というような情報提供をするには、高速道路上で繰り広げられる渋滞現象を理解する必要がある。また、同時に車両感知器（センサ）の限界をも理解していないと、システムは構築できない。

　そのような視点から、参考資料として、次の4点を補足する。
・交通渋滞
・疎密波渋滞（アコーディオン現象）
・交通流理論
・車両感知器の限界

参考資料

# 1. 交通渋滞[*1]

　都市部及び都市近郊の高速道路では、朝・夕の交通が集中するときに渋滞が発生する。都市間高速道路では、サグという地点、トンネル入口部等で渋滞が発生する。これは、道路容量を超えた交通集中や速度低下に伴うものである。

　図 参考-1は、交通集中渋滞発生時の、ボトルネック上流・下流地点の5分間平均速度・交通流率の時間変動の例である。

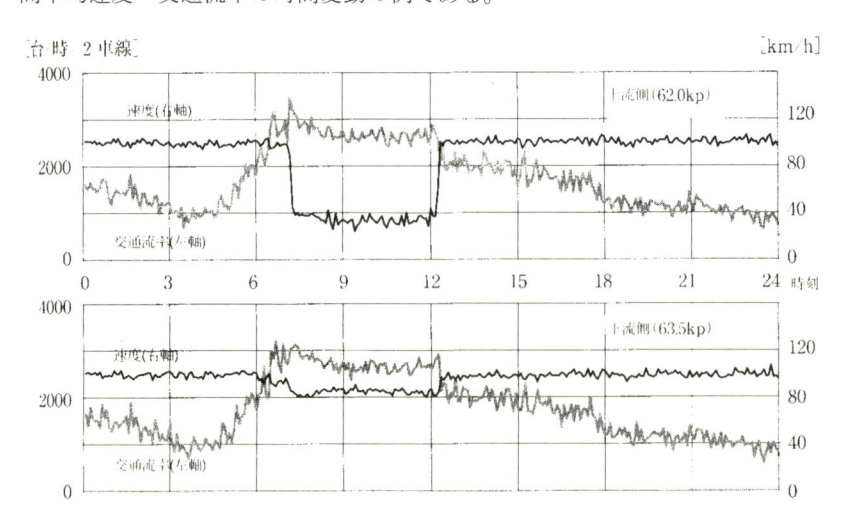

**図 参考-1 自然渋滞発生時における時間変動の例**

　中央道の下り線での例であり、7時前から交通流率（1時間当たりの交通量）が増大し、7時過ぎに上流側で速度低下が生じて渋滞となっている。

　一方、12時過ぎに速度が上昇して渋滞が解消したことがわかる。7時から12時までの渋滞中（速度低下中）の交通流率はボトルネックの交通容量であり、比較的高いレベルで推移し、渋滞解消（速度上昇）後の交通流率は交通需要であって、ボトルネックの交通容量値よりも小さい。

　一方、図 参考-2は事故などの突発渋滞発生時の、事故発生地点の上下流における東名上り線での観測例である。12時ころに上流側で急激な速度低下が見

- 190 -

参考資料

られ、同時に下流側では速度低下していないので、この間にボトルネックがあることがわかる。渋滞中の交通流率は、前後の時間帯の非渋滞時のものよりも低くなっており、一時的に何らかの原因で交通容量が低下して生じた渋滞であることがわかる。この例の場合は、交通事故によるものである。こうした一時的な交通容量の低下によって生じる渋滞を突発渋滞という。

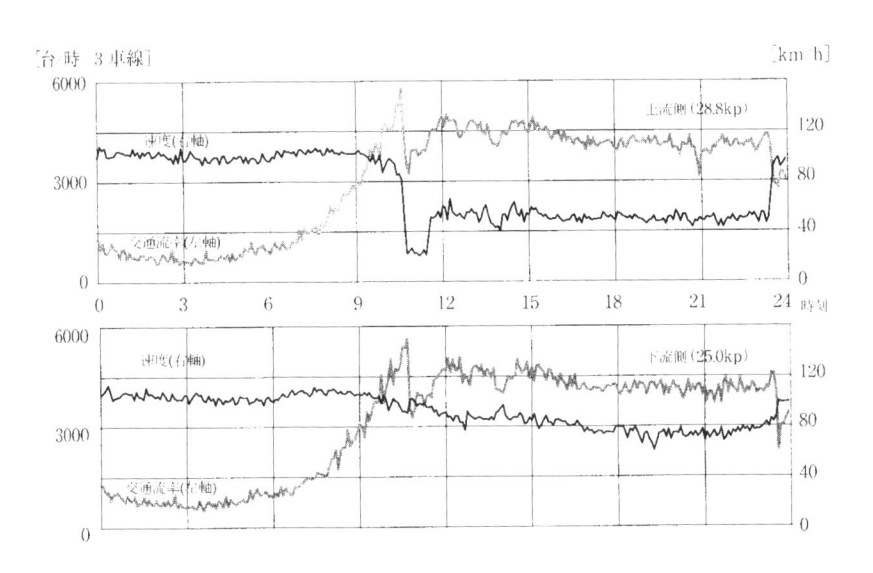

図 参考-2 突発渋滞発生時における時間変動の例

## 2. 疎密波現象（アコーディオン現象）

渋滞の二つの例を示したが、この渋滞が 3 km、5 km と延伸するときに、交通はどのような現象を示すか。渋滞末尾に入って、間もなくすると動き出しては止まり、また動いては止まることを繰り返すことを経験された方も多いと思われる。これが、疎密波現象（アコーディオン現象）と言われるものである。

この疎密波現象については、いくつか報告がある。[2][3] ここでは、筆者が参加した研究事例から二つの事を紹介する。

図 参考-3 は、首都高速 3 号線の上流から 3 番目の車両感知器を基準にとり、

- 191 -

参考資料

この車両感知器と他の車両感知器で計測されたオキュパンシの相互相関を観測された地点ごとに配置したものである。*4

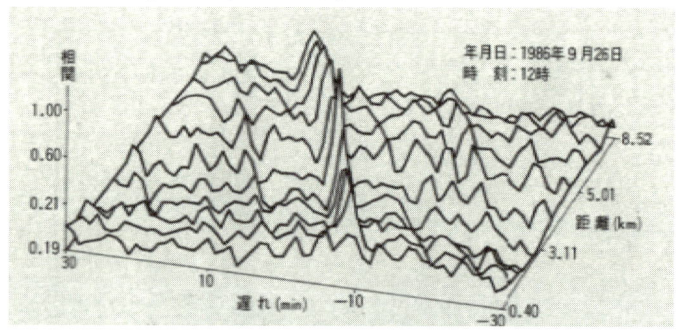

図 参考-3 渋滞時の相関関数

各相関関数のピーク値が、感知器の場所によりほぼ線形的にずれていることがわかる。これは、交通状態が空間的に伝搬することを示している。

相互相関のピーク位置を「距離－遅れ」平面に投射したものが図 参考-4 である。*5

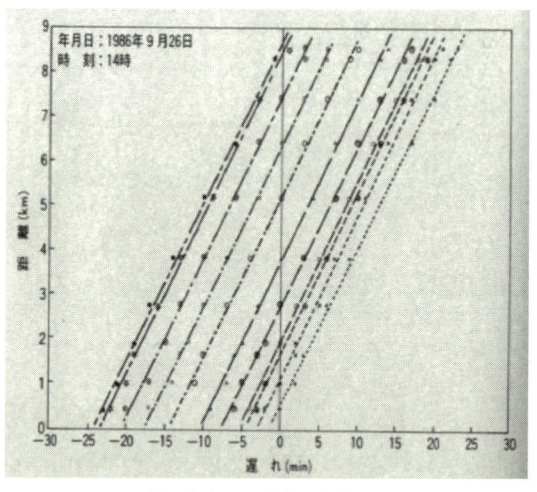

図 参考-4 渋滞の伝搬

この線形伝搬の傾きをもって交通流の伝搬速度とすると、上流方向に 22.1 km/h であった。

このように、交通流は、ある境界値において状態が自由流から渋滞流に変わり、その疎密波が伝搬する。また、AR 法によって周期性を解析した結果から、交通流の疎密波の周期は 4 分と計測された。

## 3. 交通流理論[*6]

道路上における車両や歩行者の行動を、個々の運動としてではなく、これらの集積である流れとしてとらえるとき、交通流（Traffic Flow）という。交通流パラメータは、交通流の状態を量的に表す変数であって、主なものとして、交通量（$Q$）、交通密度（$K$）、速度（$V$）の三つが用いられている。

(1) 交通流パラメータ（traffic parameter）
(a) 交通量（traffic volume）
　交通量は、特定地点における単位時間当たりの通過車両台数をいう。道路断面における総通過車両台数を用いる場合には断面交通量という。車線別、車種別、方行別などの区分をして用いることもある。道路計画や利用調査などを行う時は、1 日の総通過車両台数や、混雑時の 1 時間における通過車両台数に基づく日交通量や時間交通量が用いられる。
(b) フローレート（flow rate）
　交通管制のためには、より短い時間、たとえば 1 分、5 分、15 分などを測定時間にとり、[台／時] を単位とした交通量が多く用いられる。このようにして求められる交通量をフローレートという。交通流率ともいう。
(c) 交通密度（traffic density）と速度（speed、velocity）
　交通密度は、特定道路区間における単位距離当たりの存在車両台数をいう。
　交通流の速度は、車両の走行速度を流れとしてみたものである。交通流中の車両の走行速度にばらつきがある場合には、その平均値を用いなければならない。平均値としては、時間平均速度と空間平均速度の 2 種類が用いられる。
(d) 時間平均速度（time mean speed）と空間平均速度（space mean speed）
　時間平均速度　$\overline{V_t}$ は、特定地点を通過する車両の走行速度を時間的に平均し

たものである。空間平均速度$\overline{V_s}$は、特定時刻にある道路区間に存在する車両の走行速度を平均したものである。速度$v$をもつ車両の時間分布を$f_t(v)$、空間分布を$f_s(v)$とすると、$\overline{V_t}$及び$\overline{V_s}$はそれぞれ

$$\overline{V_t} = \int_0^\infty v f_t(v) dv \qquad (1)$$

$$\overline{V_s} = \int_0^\infty v f_t(v) dv \qquad (2)$$

で与えられる。また、空間平均速度$\overline{V_s}$は、時間調和均速度$\hat{V_t}$に等しく、次式でも与えられる。

$$\overline{V_s} = \hat{V_t} = \frac{1}{\int_0^\infty v f_t(v) dv} \qquad (3)$$

車両の走行速度にばらつきがある場合は、高速の車両ほど特定地点を通過する頻度が大となるので時間平均速度のほうが空間平均速度よりも大となる。空間速度の分散を$\sigma_s^2$とすると、両者の差は、

$$\overline{V_t} - \overline{V_s} = \frac{\sigma_s^2}{\overline{V_s}} \qquad (4)$$

となる。

交通量$Q$、交通密度$K$、空間平均速度$\overline{V_s}$の三つのパラメータの間には次の関係が成り立つ。

$$Q = K\overline{V_s} \qquad (5)$$

## （2） 台数・速度・密度の相関

これらのパラメータのうち、一般に独立な変数は二つであり、さらに、個々の道路においてはそれぞれ固有の $K$-$V$ 特性、あるいは $Q$-$V$ 特性が存在するので、パラメータの内の一つが与えられるとほかの二つはこれから推定される。

図 参考-5 は、高速道路の標準的な道路区間における $Q$-$V$ 特製の相関曲線を、また図 参考-6 には $Q$-$V$、$K$-$V$、$Q$-$K$ などの相関を示す実測データを示す。[*7]

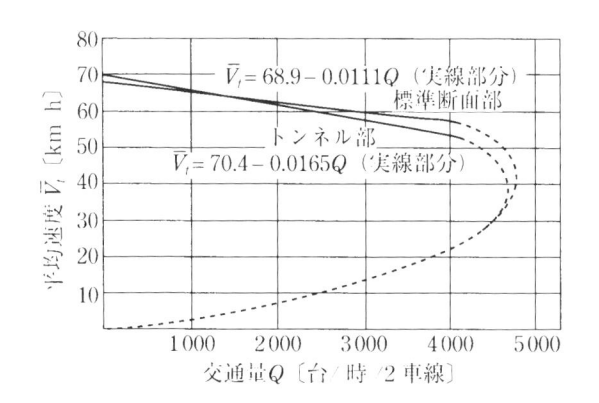

図 参考-5 高速道路の標準区間における $Q$-$V$ 相関 [*7]

交通密度 $K$ が小さいと、車両はほかの車両の影響を受けずに自由に走行できるが、$K$ が大となるにつれて速度 $V$ が低下し、ついには混雑のために速度が極めて小さくなる。

交通量 $Q$ は、交通密度 $K$ が小さい段階では $K$ の増加とともに増加するが、$K$ が過大となると $V$ の低下によってかえって減少する。前者が非渋滞状態、後者が渋滞状態に相当する。

$Q$ と $V$ の関係においても、非渋滞状態では $V$ が大きく、$Q$ の増加に対して $V$ は減少するが、渋滞状態では $V$ の減少とともに $Q$ も減少する。

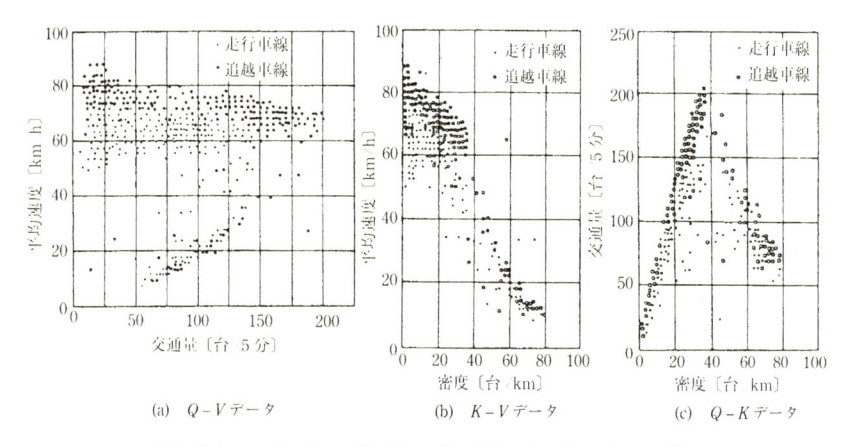

図 参考-6 $Q$-$V$、$K$-$V$、$Q$-$K$などの実測データ*7

(a) $Q$-$V$データ　　(b) $K$-$V$データ　　(c) $Q$-$K$データ

(3) 交通容量（Tarffic Capacity）

　道路において単位時間に通過可能な車両の台数を言う。道路の交通処理能力を示す最も基本的な量である。

　道路の交通容量は、道路の線形、勾配、幅員など道路の構造によって定まる道路条件及び制限速度、車種構成など車両や運転者によって定まる交通条件が与えられた場合に、1車線または道路断面において1時間に通過しうる車両の最大数をいう。交通量が交通容量に達した場合の交通密度を臨界密度、速度を臨界速度という。このような交通状態では車両の速度分布は小さく、車頭間隔もほぼ同一で車線変更や追い越しは不可能であり、交通流の安定性は良くない。交通容量を超えて車両が道路に流入すると、交通密度の増加と速度の低下を生じ、道路は渋滞状態となって交通流は不安定となる。

　道路の線形や勾配が理想に近い場合の交通容量は、我が国の高速道路における観測値では1車線あたり2200〔台／時〕程度である。

　信号交差点の交通容量は、交差点の構造、特に流入部の幅員の影響が大きく、また駐車車両や横断歩行者の状況、大型車混入率、右折車混入率などの交通条件によっても左右される。また、赤信号の時間は利用できないので、信号交差点の交通容量は、青信号の1時間当たりに通過できる車両の最大数で定義される。

駐車場の影響や歩行者の障害がなく、乗用車のみが直進するとした場合の理想的な交通容量（基本交通容量）は、我が国の街路における観測値では 1 車線あたり 1800～2000〔台／青時間〕程度である。

### (4) オキュパンシ（占有率）（Occupancy）

　交通流のパラメータの一つであって、車両群が時間的または空間的に道路を占有する割合を示す量である。計測のしやすさから、交通管制において交通密度に代わる量として用いられている。

#### (a) 時間オキュパンシ（Time Occupancy）

　$O_t$ は、図 参考-7 に示すように、特定の地点において各車両の存在を感知した時間を $t_i$、計測時間を $T$、その間の通過車両台数を $n$ とすると、

$$O_t = \frac{1}{T}\sum_{i=1}^{n} t_i = \frac{1}{T}\sum_{i=1}^{n} \frac{l_i}{v_i} \qquad (1)$$

で与えられる。ただし、$l_i$ および $v_i$ は各車両の長さ及び速度である。$v_i T$ は密度 $K$ に対しその車両の寄与する成分 $K_i$ の逆数に等しいから、(1) 式は、

$$O_t = K\sum_{i=1}^{n} l_i \frac{K_i}{K} = K\overline{L_s} \qquad (2)$$

とも表せる。ここで $\overline{L_s}$ は車両の長さの空間平均値である。感知領域の長さ $L$ を考慮するときに $\overline{L_s}$ の代わりに $\overline{L_s}+L$ を用い、$O_t$ は次式で与えられる。

$$O_t = K\left(\overline{L_s}+L\right) \qquad (3)$$

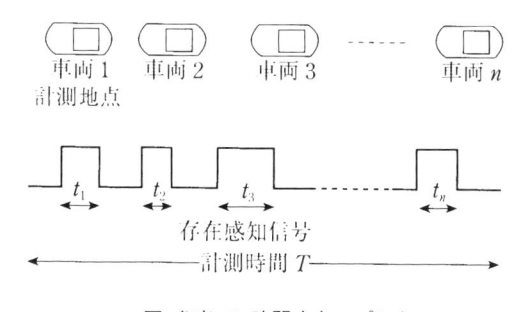

図 参考-7 時間オキュパンシ

これらの式を用い、時間オキュパンシ $O_t$ の測定値から密度 $K$ を求めるには、車両長の空間平均値 $\overline{L_s}$ を知る必要がある。

一方、同位置車線上に距離 $D$ だけ離して置かれた一対の車両感知器で通過時刻の差 $\tau_i$ を計測し、この時間オキュパンシを求めると、

$$O_t = \frac{1}{T}\sum_{i=1}^{n}\tau_i = KD \tag{4}$$

という関係が得られるので、密度 $K$ を容易に求めることが出来る。

### (b) 空間オキュパンシ（space occupancy）

$O_s$ は、図 参考-8 に示すように、各車両の占有面積を $a_i$、測定区間の面積を $A$ とすると、

$$O_s = \frac{1}{A}\sum_{i=1}^{n}a_i \tag{5}$$

で与えられる。空間オキュパンシは、面積 $A$ を覆う長大ループによって測定できる。

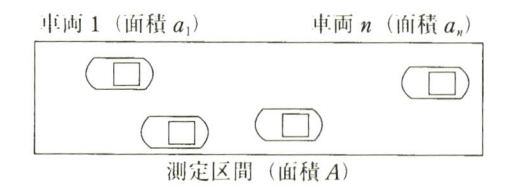

**図 参考-8 空間オキュパンシ**

測定のしやすさから、時間オキュパンシの方が多く用いられるので、ふつうオキュパンシといえば時間オキュパンシを指す。

参考資料

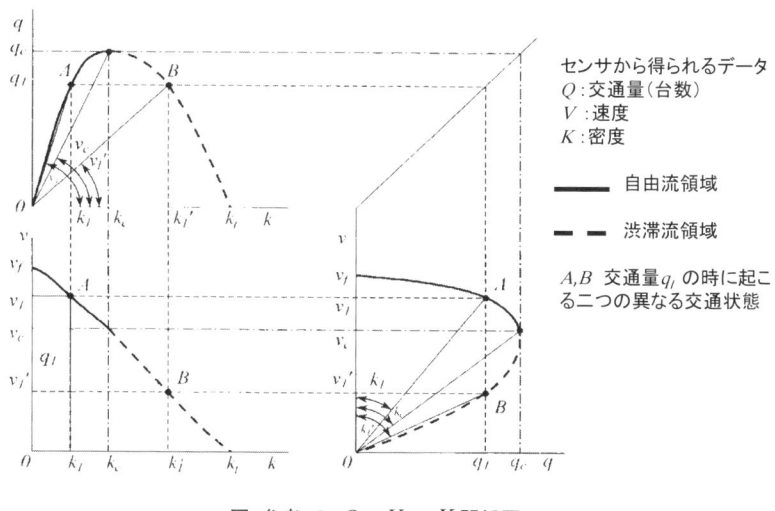

図 参考-9 $Q-V-K$ 関係図

- 199 -

参考資料

## 4. 車両感知器の限界

(1) システム構築上の課題
(a) センサ種別による長所／短所（精度／コスト）

　長年使われてきた車両感知器に、ループ式、超音波式がある。ループ式は、5～6mのセンサの上を車が通過するときの電気的定数の変化を計測する。超音波式は、5m間隔に設置された二つの超音波センサの反射パルスを計測する。それらの計測データから、車の存在、非存在データのパルス列を収集する。このリアルタイムデータから、1分間のQ、V、Occ等を算出する。

　ループ式は、土盛部道路では精度がいいが、高架等鉄筋が入っている道路のときには性能が劣化する。また、アスファルトの路面補修時に、ループの断線事故が多い等の課題がある。

　超音波は、発射パルス（反射パルス）の間隔によって、原理的に誤差が発生する。高速走行時の計測精度には大きな誤差を伴う。[*8]

　このように、どのセンサを選ぶか、それぞれ特徴があり、コストを意識して選択することになる。

(b) 基本データ（Q、V、Occ）の最小集約単位

　上記には、1分間の基本データを作成すると述べたが、30秒、1分、2.5分、そして5分というデータの集約単位が採用されてきた。首都高速道路では、システム55で、30秒を採用した。今は1分である。阪神高速道路では2.5分である。NEXCOの地方部（都市間道路部）では、5分である。

　疎密波現象をサンプリングするには、どのサイクルがいいかという問題である。短いサイクルほど、現象の一部をサンプリングするわけで、サンプリングしたデータの値だけで、現象を判断することはできない。疎密波現象の周期はいくらか、それを適切にサンプリングするには、どの値がいいかということになる。

(c) センサの設置間隔と計測精度

　1km単位の渋滞長情報を作成するとき、センサを設置する間隔はどの値がいいか。単純なロジックでは、1kmごとに設置する場合の渋滞の末尾検出（渋滞長の検出）精度は、1km±1km。500mごとに設置するのでは1km±500mとなる。首都高速においては、約300mごとにセンサが設置されたが、それは設置

- 200 -

間隔による検出精度向上のためである。もちろん、これはコストに直結する。
## （2） 一般論としてのセンサ
　センサは、その測定（検知）対象、検知方法、検出量の変換、さらには構成材料によっていろいろ分類される。また、一つの検出量が必ずしも情報提供サービス上必要な計測項目に一致するとは限らない。

　センサの基本原理は変わらなくとも、その処理能力やアルゴリズムの開発により大きく発展してきているものもある。また融合化センサ（センサフュージョン）として、新たな計測項目を作り、計測項目の高精度化が実現されているものもある。

　センサは、その目的とする計測項目をいかに高精度に、低コストに実現できるか検討されてきた。一般的には、高精度化はより大きなメリットを生むものであるが、システムという視点でとらえると、対象によっては必ずしも高精度を問わない場合もある。高精度化の流れで走るきらいがある中で、システム論からセンサの在り方を見直すことも大切と思われる。


**参考文献**
＊1： 道路交通（技術必携）　p34-45　（2007）社団法人交通工学研究会編
＊2： 首都高速道路の将来管制システムの研究　首都高速道路公団
　　　昭和54年2月
＊3： 渋滞時の交通流の性質　岩崎征人　交通工学 Vol.16　No.3　1981
＊4： 交通流予測アルゴリズム　有田他
　　　National Technical Report Vol.34 No.4 Aug. 1988
＊5： 渋滞時における疎密波の解析　川嶋他　第8回交通工学研究会発表会
　　　昭和61年11月
＊6： 高速道路データハンドブック　p18〜　株式会社電気書院　2005.9
＊7： 道路交通データブック　p32　社団法人交通工学研究会編　1976
＊8： 高速道路交通管制システム　伊藤他
　　　National Technical Report Vol.34 No.4 Aug. 1988

# 後 書 き

　NPO（特定非営利活動法人）　ATLIS（Asian Transport & Life Infrastructure System）の活動の一つとして、道路交通分野の仕事の経験をアジアの学生に話し、少しでもこのような世界に関心を持っていただけたらと始めた。

　英語での講義であるため、テキストは翻訳していただいた。翻訳していただくためには、日本文を書かないといけない。そういう経過の中で、3年分の内容が、この本の内容となった。
　講義では、お互いに外国語であるため、どこまで伝えることができたかそれが課題であった。学生は、私語も少なく、まじめに講義を聞いてくれた。また、いろいろな質問があった。

　この本は、学術的な要素は少ない。あくまで、道路管理を支えるシステムの概要を伝えるものである。いろいろな方々が検討してきた内容である。お客様でもあった道路管理者の方には心よりお礼申し上げたい。
　また、記述内容で濃淡があるのは、実務経験とも絡みやむを得ない。トンネル防災システムからスタートしたこともあり、防災や災害に関してはライフワークとして関心をもち、また資料を集めてきた。

　以上のような背景で、この本を作成した。この分野の新人や学生に読んでいただけたら幸いと思っている。
　現在、われわれ世代の責任は、様々な経験・ノウハウを若い世代に伝えることにあると思っている。しかし、この本はそこまで行っていない。そこが残念。なお、英文は、ATLISのホームページから見ることができる。

春の連休前に　伊藤　功

# 索　引

< B >
BCP　　　　　　　　　　124,126

< C >
CCTV 監視　　　　　　　　62
CDT　　　　　　　　　　　68
CRYPTREC　　　　　　　120

< D >
DSRC　　　　　　　　　　115

< E >
EAL　　　　　　　　　　　110
EMV 規格　　　　　　　　110
ETC　　　　　　　　　　　99

< F >
FTA　　　　　　　　　　　24

< H >
HDLC　　　　　　　　　　68

< I >
ISO17799　　　　　　　　111
ISO/IEC15408　　　　　　109
ITS 車載器　　　　　　　　94
ITS スポットサービス　　　115
ITS の展開　　　　　　　　114

< O >
OD 優先度　　　　　　　　77
ORSE　　　　　　　　　99,105

< Q >
Q,V,K　　　　　　　　　　193

< S >
SAM　　　　　　　　　　　108
SE　　　　　　　　　　　　29

< T >
TCP/IP　　　　　　　　　　68

< V >
VICS　　　　　　　　　　　84
VICS センター　　　　　　87

< ア >
アコーディオン現象　　　　191
アベイラビリティ　　　　　124
暗号化　　　　　　　　　　118
暗号化技術　　　　　　　　119
安全管理システム　　　　　48

< イ >
一般放送　　　　　　　　　51
イベント　　　　　　　　　57,71

## ＜ オ ＞
オキュパンシ 197

## ＜ カ ＞
火災検出 178
火災初期の活動 179
画像伝送 68

## ＜ コ ＞
交通渋滞 190
交通阻害要因 130
交通調整 79
交通容量 196
交通流パラメータ 193
交通流理論 193

## ＜ サ ＞
サービスレベル管理 50
サイトセキュリティ 112

## ＜ シ ＞
事象（イベント） 57,71
システム 2
次世代道路サービス 90
施設管理システム 47
自然災害 130
車両感知器 62
渋滞情報作成 70
情報提供システム 50
照明器具・照明柱 150,154

## ＜ ス ＞（※）
所要時間 75
人為的災害 130

## ＜ セ ＞
成果物管理 27
セキュリティ 99,107
セキュリティレベル 110
セットアップ 104
センサ 200

## ＜ ソ ＞
疎密波現象 191

## ＜ タ ＞
台風と道路管理 139

## ＜ チ ＞
中央処理システム 64

## ＜ ツ ＞
通信系（施設） 65

## ＜ テ ＞
提供周期 77
データベース 80
テロ 129,185
電力 154,157
電話案内 51

< ト >

| 道路交通管理 | 36 |
| 道路交通情報の優先度 | 38 |
| 道路情報板 | 51 |
| 道路トンネル火災事故 | 166 |
| 道路法 | 8,39 |
| トンネル防災設備 | 168 |

< ニ >

| 日本坂トンネル火災事故 | 167 |

< ハ >

| ハイウエイラジオ | 51 |
| 排煙運転 | 182 |

< ヒ >

| 東日本大地震 | 163 |
| 非機能要件 | 25 |
| 避難誘導 | 181 |
| 兵庫県南部地震 | 148 |
| 平文 | 118 |
| 品質保証管理 | 27 |

< フ >

| 復合化 | 118 |
| プローブ情報 | 95 |

< ホ >

| 本格消火 | 182 |

< モ >

| モンブラントンネル火災事故 | 171 |

< マ >

| マルチ伝送 | |

< ヨ >

| 要件定義 | 20 |

< ラ >

| ライフサイクル | 15 |

< リ >

| リスク | 124 |

< レ >

| レビュー | 28 |

< ロ >

| ローカル系伝送システム | 67 |

● 著者略歴 ●

伊藤　功（いとう　こう）
　1950年（昭和25年）生まれ。
　1975年　松下電器産業㈱に入社。
　1979年より社会システムの仕事に携わる。SEとして、都市内高速道路を中心にシステム検討を行う。
　1999年から2年間ORSEに出向。
　2004年　退社。
　2005年　イトーコー技術事務所を設立。台湾のITS、ジャカルタの交通管制システムの検討。その後、都市内高速道路システムの検討を行い現在に至る。
　2009年よりATLISの活動を始める。日本機械学会、電気学会、交通工学研究会会員。
　http://kohitoh.com/
　http://npo-atlis.jp/

Ⓒ Kou Itou　2014

道路管理を支えるシステム

2014年10月15日　第1版第1刷発行

著　者　伊藤　　功
発行者　田中　久米四郎
発　行　所
株式会社　電気書院
www.denkishoin.co.jp
振替口座　00190-5-18837
〒101-0051
東京都千代田区神田神保町1-3 ミヤタビル2F
電話（03）5259-9160
FAX（03）5259-9162

ISBN 978-4-485-66543-5　C3065　㈱シナノ パブリッシング プレス
Printed in Japan

・万一，落丁・乱丁の際は，送料当社負担にてお取り替えいたします．神田営業所までお送りください．

JCOPY 〈㈳出版者著作権管理機構 委託出版物〉
本書の無断複写（電子化含む）は著作権法上での例外を除き禁じられています。複写される場合は，そのつど事前に，㈳出版者著作権管理機構（電話：03-3513-6969，FAX：03-3513-6979，e-mail: info@jcopy.or.jp）の許諾を得てください．
また本書を代行業者等の第三者に依頼してスキャンやデジタル化することは，たとえ個人や家庭内での利用であっても一切認められません．